人間失格
新潮社
佐藤隆信社長
破滅への暴走

大川隆法
RYUHO OKAWA

本霊言は、2012年11月15日(写真上・下)、幸福の科学総合本部にて、
質問者との対話形式で公開収録された。

まえがき

太宰治《だざいおさむ》の小説『人間失格』には、自分と同じように、読者を次々と自殺へと引きずり込んでゆくような魔力があるが、『週刊新潮』にスキャンダル記事が出るというので、現職大臣が自殺したのは、ついこの前である。太宰治の『人間失格』でたらふく儲《もう》けた新潮社は、次は『週刊新潮』で毎週、一方的に「公人」に仕立て上げた人に「人間失格」の烙印《らくいん》を押しては血祭りにあげて、金儲けに励んでいる。

そこには、一片の誠意のかけらも、公器《こうき》としての自覚もない。大人になっても、他人の悪口しか言えない人間とは、所詮《しょせん》、大人になりそこねた人々であり、自らこそ、「人間失格」である。

甲賀忍群《こうがにんぐん》は、甲賀の里に戻って、手裏剣《しゅりけん》の練習でもしておればよいのだ。将軍や大名の暗殺ばかり狙っていると、いずれ身を滅ぼすことになるだろう。

これで三冊目になるが、あえて今、新潮社、佐藤隆信社長の「破滅への暴走」に警告する。名門だった新潮社も四代目で終わるのか。ご先祖には、私のほうから報告しておこう。

二〇一二年　十一月十六日

幸福《こうふく》の科学《かがく》グループ創始者兼総裁《そうししゃけんそうさい》　大川隆法《おおかわりゅうほう》

人間失格――新潮社　佐藤隆信社長・破滅への暴走　目次

まえがき　1

人間失格――新潮社《しんちょうしゃ》 佐藤隆信《さとうたかのぶ》社長・破滅《はめつ》への暴走

二〇一二年十一月十五日　佐藤隆信守護霊《しゅごれい》の霊示《れいじ》
東京都・幸福の科学総合本部にて

「霊言現象《れいげん》」とは、あの世の霊存在の言葉を語り下ろす現象のことをいう。これは高度な悟《さと》りを開いた者に特有のものであり、「霊媒現象《れいばい》」（トランス状態になって意識を失い、霊が一方的にしゃべる現象）とは異なる。

また、人間の魂《たましい》は原則として六人のグループからなり、あの世に残っている「魂の兄弟」の一人が守護霊《しゅごれい》を務めている。つまり、守護霊は、実は自分自身の魂の一部である。したがって、「守護霊の霊言」とは、いわば本人の潜在《せんざい》意識にアクセスしたものであり、その内容は、その人が潜在意識で考えていること（本心）と考えてよい。

なお、「霊言」は、あくまでも霊人の意見であり、幸福の科学グループとしての見解と矛盾《むじゅん》する内容を含《ふく》む場合がある点、付記しておきたい。

人間失格――新潮社《しんちょうしゃ》 佐藤隆信《さとうたかのぶ》社長・破滅《はめつ》への暴走

二〇一二年十一月十五日　佐藤隆信守護霊《しゅごれい》の霊示《れいじ》
東京都・幸福の科学総合本部にて

質問者

小林早賢《こばやしそうけん》（幸福の科学広報・危機管理担当副理事長）
里村英一《さとむらえいいち》（幸福の科学専務理事・広報局担当）
渡邊伸幸《わたなべのぶゆき》（幸福の科学理事 兼《けん》 広報局長）

［役職は収録時点のもの］

1 「公人」であるべき「新潮社」社長

宗教系学校への無知・偏見《へんけん》記事を掲載《けいさい》した「週刊新潮」の見識を問う

大川隆法　今回は、やや週刊誌的な題を付けたため（笑）、少し恥《は》ずかしいのですが、相手が相手なので、このくらいの題で、ちょうどよろしいかと思います。

もし、新潮社の社長が、週刊誌の内容とは正反対の、神様のような方だった場合には、題を改めさせていただきたいと思いますが、「それほど大きくは外れないのではないか」と推定しています。

本日発売の「週刊新潮」（十一月二十二日号）では、久々に頑張《がんば》っていらっしゃるようで、「『坂本龍馬《さかもとりょうま》の前世《ぜんせ》は劉備《りゅうび》』と教える『幸福の科学』学園の罪」と題した記事が載《の》っています。ただ、何が罪なのかは、よく分かりません。

もし、「幸福の科学学園で、『週刊新潮』を教科書として使った」というのであれば、「それは罪である」と、私も思います（会場笑）。それは許されないことでしょう。「週刊誌を社会科の教科書として使い、テストに出題した」というのであれば、それは社会問題であり、罪であるとは思います。

記事のなかには、教団で教えている教養や書籍《しょせき》が出てきますが、この学校は、幸福の科学の信者子弟《してい》が学んでいる学校でありますし、その生徒の保護者も了解《りょうかい》している内容です。

また、「坂本龍馬の前世は劉備玄徳《げんとく》である」ということは、かなり確定した霊査《れいさ》であり、ずっと崩《くず》れていないため、特に問題はありません。

もし、そういう教義を入学試験の問題として使っているのであれば、「やや一般常《いっぱん》識から外れている」という見方もあろうかとは思いますが、生徒が、課外活動や宗教科等の授業で学んだり、自分の教学の一環《いっかん》として学んだりすることは、別に、おかしいことでも何でもありません。

例えば、キリスト教系の学校では、『聖書』の授業をしたり、課外活動として、クリスマスの時期にキリストの劇をしたりすることもあります。現実の歴史として、「十二月二十五日にイエス・キリストが生まれた」ということは、嘘《うそ》である可能性が極《きわ》めて高いのです。史実として見れば、おそらく、事実とは異なるでしょう。何か「ほかの記念日」をもってきたのは、ほぼ確実だと思われます。

しかし、それに対して、「歴史的に事実ではないのに、学校が嘘を教えるのはおかしい」というようなことを言う人は、やはり見方が違《ちが》うのであって、それは、宗教の文化や伝統に則《のっと》って行っているだけのことなのです。したがって、「学校が嘘を教えている」というのは、いわれなき批判だと思います。

自分の守護霊霊言《れいげん》に「中身がない」と批判する「週刊新潮」編集長

大川隆法　この記事を書いたのは、「ジャーナリスト・藤倉《ふじくら》……」?

渡邊　藤倉善郎《よしろう》です。

大川隆法　この名前は本物でしょうか。「善川三朗《よしかわさぶろう》」（幸福の科学名誉顧問《めいよこもん》）の略称《りゃくしょう》のような名前で、怪《あや》しげですね。

里村　いちおう、存在はしています。

小林　ただ、客観的には、ジャーナリストとは言えません。

大川隆法　「善郎」とは、「善川三朗」の略のようですが。

小林　自分で法名《ほうみょう》にしたいのかもしれませんけれども……。

大川隆法　これは本名なのでしょうか。まさか、編集長だったりしませんよね？

すでに、『徹底霊査《てっていれいさ》「週刊新潮」編集長・悪魔《あくま》の放射汚染《おせん》』（幸福の科学出版刊）という本を出してから、だいぶ時間がたっていますが、これを読んだ編集長は、「こんな本、十五分で読める。中身がない」などと言ってきたそうです。

しかし、本人の中身がないために、守護霊も大した内容を言えなかったわけです。要するに、「この程度のことしか言えない人間だ」というだけのことです。頭のなかを右から左へと情報が流れているだけで、おそらく、教養がないのでしょう。

もっと言えば、「週刊新潮」など、中身がないので、一冊読むのに、五分以上はかかりません。実際には、新聞広告で見出しだけ見れば終わりでしょうし、それを読む必要もありません。本当であれば、新聞社の場合、このようなけしからんものは、黒く塗《ぬ》りつぶして伏《ふ》せ字にするなりして、消さなければならないところでしょうが、これを載せるのが、日本の〝ザルッとした〟ところでしょう。

そろそろ、選挙もありますので、当会に対して、何度か追及《ついきゅう》してくるだろうと推定します。こちらも、「なぜ、学園や映画、選挙等のことを言ってこないのか」と述べているため、「それならば、期待に応えて、順番にいきますよ」ということだろうと思います。

今後、予想されるものは、「学園」「映画」「選挙」に関する記事です。都知事選や衆議院選等についても、たくさん書いてくださることでしょうから、一発ぐらいは〝魚雷《ぎょらい》〟を発射しておいてもよいでしょう。

訴訟《そしょう》も効きますが、訴《うった》えても新聞には載りませんし、勝訴したことも載りません。これでは、完全に内部だけのものになってしまい、世間《せけん》に対する告知効果がありません。単なる経済的なダメージと、「それが累積《るいせき》すると、同業者仲間で信用が失われる」という程度のことかと思います。

理系出身の異色社長・佐藤隆信氏にとって「宗教＝存在悪」？

大川隆法　さて、新潮社社長の佐藤隆信氏は、創業者の曾孫《ひまご》に当たり、佐藤家代々の世襲《せしゅう》として、四代目の社長です。一九五六年生まれで、私と同じ年のようです。

一九八一年に東京理科大工学部電気工学科を卒業しているという点は、少し異色な感じがします。それが別にいけないとは言いませんが、「理科大の電気工学を専攻《せんこう》して、新潮社の社長になる」というのは、不思議な感じがしないわけではありません。もしかしたら、本来の予定とは違って、ほかの人が就任する予定だったものが、この人になったのかもしれませんが、そのあたりは分かりません。

現在、日本書籍出版協会の副理事長もなさっているようですから、マスコミ界においては重要な方かと思います。

一九八一年に大学を卒業したあとは、〝修行《しゅぎょう》〟のためか、電通《でんつう》に四年ほど勤め、八五年に新潮社に入社しています。ちなみに、幸福の科学は八六年に始まっています。

そして、八八年に取締役《とりしまりやく》、九三年に副社長、九六年に社長になっています。四十歳《さい》ごろに社長になってから、すでに十六年もたっているので、ある程度、権力は固まっているものと思われます。

新潮社から当会に対する批判は、この二十三年間ほど、かなり数も多く、一九九〇年ごろから始まっていますが、この人が取締役になってからのことになりますね。

あくまで憶測《おくそく》なので、本人に訊《き》いてみないと分かりませんが、ある意味で、当会に対し、非常にライバル心を持っている可能性があります。

今は、電子メディアの時代に入りつつあり、出版社でも電子書籍をつくっていますので、「楽天《らくてん》」対「講談社」の戦いなども始まっています。その意味では、東京理科大の電気工学科卒でも、仕事としての機能を果たせているのかもしれませんから、私にも、そう悪く言う気はありません。

ただ、この人が、基本的にどんな考えを持っているかが問題です。いわゆる唯物《ゆいぶつ》論《ろん》・無神論にズバッとはまった理科系の人物である場合には、宗教そのものを存在悪と見なし、「間違ったものである」と思っている可能性もあるでしょう。

あるいは、「週刊誌等は、社会的に大きな影響《えいきょう》を与《あた》えている人を撃《う》ち落とすことが仕事だ」と確信して取り組んでいるだけかもしれません。

会計検査院に代わり、マスコミ界の〝精神検査〟を行う

大川隆法　いずれにせよ、「週刊新潮」の記事によって大臣が自殺するようなことも

あるので、やはり、公器としての重みはあると思うのです。

社内にいる人間は、「世間は、週刊誌の言うことなんか信じていないだろう」と思っているのかもしれませんが、彼らが考えている以上に、人への被害《ひがい》が出ています。したがって、「公人としての責任は逃《のが》れられない」と考えます。「大臣を追い込《こ》んだり、政局を動かしたりする立場にある」という意味では、何らかの「公人としての検査」があってもよいのではないでしょうか。

そこで、幸福の科学が、会計検査院に代わり、「役所ならぬマスコミ界の〝精神検査〟を行う」という役目をさせていただきたいと思います。

ただ、守護霊の場合、隠《かく》された本音の部分が大きく出てくることがありますので、地上の本人が話すよりも、少し大げさになるかもしれません。

まあ、相手は〝敵〟の総大将ですから、それほど簡単ではないでしょう。意外に手《て》強《ごわ》いだろうと推定します。新潮社から出ているもの全体を見れば、この人に攻撃《こうげき》心がないわけはありませんので、そうとう手強いだろうと思います。

たとえて言うならば、文春《ぶんしゅん》が「伊賀《いが》軍団」とすれば、新潮は「甲賀《こうが》軍団」のようなものでしょう。忍《しの》びの者の集団で、突如《とつじょ》、森のなかで大名行列を襲《おそ》ったり、お城に忍び込んだりする感じでしょうか。現代的に言うと、おそらく、忍者《にんじゃ》軍団のようなものなのではないかと思われます。どちらがどちらの側についているかは知りませんが、「今、彼らは、諜報《ちょうほう》軍団や暗殺部隊のような仕事をしているのでないか」というのが、私の感想です。

では、呼んでみます。（質問者たちに）よろしくお願いします。

（両手を胸の前で交差させる）

それでは、これより、新潮社社長、佐藤隆信氏の守護霊を降霊《こうれい》したいと思います。幸福の科学指導霊団よ、どうか、一切《いっさい》の魔より、われわれをお護《まも》りください。新潮社社長、佐藤隆信氏の守護霊よ。

新潮社社長、佐藤隆信氏の守護霊よ。

幸福の科学に対する批判的記事を次々と出していますが、その本心を伺《うかが》いたく、本日、招霊《しょうれい》します。

私は、できるだけニュートラルな立場で、あなたのお言葉を伝えるつもりですので、どうぞ、安心して出てきてくださいますよう、お願い申し上げます。

新潮社社長、佐藤隆信氏の守護霊よ。

どうか、幸福の科学総合本部に降りてきてください。


（約四十秒間の沈黙《ちんもく》）

2　佐藤隆信社長を〝身体検査〟する

佐藤社長の守護霊を「喚問《かんもん》」し、記事の捏造《ねつぞう》を立証したい

佐藤守護霊　うーん……。

小林　おはようございます。新潮社社長、佐藤隆信氏の守護霊でいらっしゃいますか。「守護霊」という言葉は、理解できないですか。

佐藤守護霊　バカにするなよ。

小林　では、理解できるわけですね？

佐藤守護霊　うーん。

小林　霊《れい》の自覚はあるわけですね。なるほど。

佐藤守護霊　これだけ、あんたがたの本を読んでたら、ちょっとは分かるよ。

小林　過去世《かこぜ》など、全部分かるわけですね？

佐藤守護霊　え？

小林　そうすると、今回の記事の内容が捏造《ねつぞう》であることも、当然、理解をされているわけですね？

佐藤守護霊　捏造っていうのは、君、言葉が適切でないんじゃないか。

小林　いきなり本題に入ってしまいましたけれども……。

佐藤守護霊　『広辞苑《こうじえん》』を引いて、捏造の意味をよく定義してから言ってください。

小林　それは、これから立証いたしますので。

今回、幸福の科学の総合本部に、あえて申し上げますが、あなたを喚問《かんもん》させていただきました。

佐藤守護霊　喚問！　（声を荒らげる）

小林　はい。

佐藤守護霊　喚問はないだろう。あんたねえ、「出版社の社長を喚問する」っていう風習は日本にはない。

すでに出版された二書の「警告」を無視した新潮社

小林　日本の言論界の、真の意味での自由化と、建設的な未来に向けて、〝お掃除《そうじ》〟も必要な時期に入ってきたと思います。

佐藤守護霊　お掃除？　それも、ちょっと、辞書で意味を引いていただいて……。

小林　と申しますのも、昨年来、新潮社に関係する書籍《しょせき》を二冊出しているのですが、『「週刊新潮」に巣くう悪魔《あくま》の研究』（幸福の科学出版刊）の「まえがき」のところで……。

佐藤守護霊　これは、いやらしい本だったねえ。

小林　いちおう、大川総裁は、「武士の情け」をかけられたわけですよ。

佐藤守護霊　うーん。

小林　この本をご覧いただくと、一ページ目の「まえがき」に、「『新潮社』に十分敬意を払《はら》って、『「週刊新潮」に巣くう悪魔の研究』というアカデミックな題をつけたのは、大川隆法本人である。ケンカを売る相手をよく選ぶように、経営陣《じん》にはお願い申し上げる」と書かれています。

佐藤守護霊　ケンカを売ってるんじゃない？

小林　いちおう、敬意は表《ひょう》しています。なおかつ、今年の六月に発刊した『徹底霊査《てっていれいさ》「週刊新潮」編集長・悪魔の放射汚染《おせん》』において……。

佐藤守護霊　この題はひどいわ。これは週刊誌並みだわ。

渡邊　事実ですから。

佐藤守護霊　これは、いくらなんでもひどいよ。風評被害《ひがい》だ！

渡邊　事実そのものですから。

小林　『徹底霊査「週刊新潮」編集長・悪魔の放射汚染』のなかで、「酒井逸史《さかいはやと》編集長を起用したことで、『週刊新潮』廃刊《はいかん》の序曲が始まった」という警告をしたにもかかわらず、今回、お手元にある本日発売の記事を書いてこられました。

佐藤守護霊　それは、君、大げさだよ。今にも活断層が動くよ。

小林　「これは、そろそろ雌雄《しゆう》を決しないといけない」と思って、今回、お越《こ》しいただいたわけです。

「公人」である佐藤社長には〝身体検査〟が必要

小林　具体的な質問に入る前に、冒頭《ぼうとう》、総裁のほうからご説明がありましたが、あなたは、その影響力《えいきょうりょく》から見て、日本でも指折りの公人の一人だとは思いますので……。

佐藤守護霊　公人ねえ。

小林　当然、公人です。〝身体検査〟の対象になると思います。

佐藤守護霊　「忍者《にんじゃ》だ」って言ったじゃない？　忍者は、覆面《ふくめん》をして顔を出さないから、公人じゃないんだよ。「隠遁《いんとん》の術《じゅつ》」っていうのがある。

小林　ある一定以上の役割と権力を持った場合には、〝身体検査〟が必要です。例えば、柳生新陰流《やぎゅうしんかげりゅう》の宗矩《むねのり》と言えども、〝表の世界〟の大目付《おおめつけ》になった段階で、当然、〝身体検査〟の対象になるわけですよ。

ですから、細かい具体的な議論に入る前に、佐藤隆信氏の〝身体検査〟の結果をご紹介《しょうかい》したいのですけれども……。

佐藤守護霊　〝身体検査〟は、政治家にしてくれよ。

小林　今回、われわれも驚《おどろ》いたのですが、週刊誌が訴訟《そしょう》を打たれる場合、たいてい、訴訟対象は編集長なんです。

佐藤守護霊　うんうん。

小林　ところが、「週刊新潮」だけは、社長が告発の対象になっている記事が続出しております。あなたの在任期間中に、新潮社が名誉毀損《めいよきそん》で負けた裁判は、われわれが確認しただけでも、七十五件もありました。

佐藤守護霊　暇《ひま》だのう。

小林　これの内訳《うちわけ》を……。

渡邊　もう少し、ご紹介させていただきます。

佐藤守護霊　おまえなあ、暇だわ。

小林　いえいえ、〝身体検査〟が必要なんです。

渡邊　しっかりと事実を見ていただきたい。

佐藤守護霊　もう、リストラしろ。幸福の科学から、早くリストラしたほうがいいよ。経営危機が迫《せま》ってるわ。そんな暇な人を置いといたら、うちだったら、経営危機で潰《つぶ》れちゃうよ。

「大量に敗訴《はいそ》しながら、社長が退陣《たいじん》しない」という新潮社への疑問

小林　これには、あなた自身に、「〝身体検査〟の必要な立場に立った」と客観的に自覚していただく意味もあります。訴訟《そしょう》の数で言うと、本当は数百件は上がっているかもしれませんが、今から七十五件の内訳をディスクロージャー（開示）いたします。

渡邊　すごいです。よろしいですか。

佐藤守護霊　（苦笑）

渡邊　裁判のときに、「被告　新潮社」となっているもので、過去九年間、負けが、七十五回です。これはすごいことですよ。

佐藤守護霊　ああ、相撲《すもう》取りみたいだなあ。

渡邊　謝罪・訂正《ていせい》広告が十二件。出版社では、ほとんどありえないことですが、出版差し止めが二回。社内体制の不備による社長の賠償《ばいしょう》責任が認定された判決までありま す。その結果、約一億六千万円の損害賠償金を払っています。

佐藤守護霊　それは……。

小林　普通《ふつう》であれば、社長は退陣《たいじん》ですよね。

佐藤守護霊　まだ、そんなもんか。

渡邊　普通なら、〝腹を切っている〟はずですよ。先般《せんぱん》の「週刊朝日」の橋下《はしもと》市長の記事でもそうでした。

里村　朝日新聞出版社の社長は、すぐ辞《や》めましたからね。

佐藤守護霊　あんなところがやっても、別にいいじゃん。

小林　社長のほうが退陣になりましたので、あなたに関しても、そろそろ退陣論を検討しようかと思います。

補足しますと、負けた裁判が七十五件ありますが、二年前に佐藤隆信社長個人が損害賠償を命じられた裁判もありましたよね？

小林　それから、なんと、社長のあなたが書類送検された事件がありました。

佐藤守護霊　ふーん……。

佐藤守護霊　そんなのは、よくある話だよ。

小林　ありましたね？

それ以外に、有名な朝日新聞阪神《はんしん》支局の大誤報事件があります。私も、それを知ってびっくりしました。新潮社のイメージがガタガタと音を立てて崩《くず》れたわけです。「週刊新潮」ともあろうものが、あんな六十五歳《さい》のおっさんに、簡単に騙《だま》されるほど、知性が低下していたのでしょうか。「よほど経営に困って、ガセネタに飛びついたんだな」と思って、開いた口がふさがりませんでした。

あのときは、さすがに編集長を更迭《こうてつ》するだけではおさまらず、あなた自身も減俸《げんぽう》にされました。あなた個人が、別件で書類送検され、損害賠償を裁判所から命じられています。こうしたことは、ほかの出版社ではありませんので、かなり際立《きわだ》った特徴《とくちょう》です。

「人間失格の烙印《らくいん》」を押《お》し続けることが出版社の仕事なのか

小林　本日は、その社長の責任の部分について、尋問《じんもん》とは言いませんが、幾《いく》つか質問させていただきます。

佐藤守護霊　ああ、よかった。今日は、よかったよ。君らは、どうやら事実に基《もと》づいて、フェアな役所的判断をしようとしているらしいから、よかった。

里村　役所はともかく、われわれは、事実に基づいていますので、そこは、新潮さんとは大きく立場が違《ちが》います。

佐藤守護霊　もう一匹《いっぴき》、〝悪魔〟の酒井（酒井太守《たいしゅ》　幸福の科学宗務《しゅうむ》本部担当理事長特別補佐《ほさ》。前掲《ぜんけい》『徹底霊査「週刊新潮」編集長・悪魔の放射汚染』で、酒井逸史編集長守護霊と対話した）というのがいたよなあ。

里村　いやいや。悪魔ではありませんから（笑）。

佐藤守護霊　今日は、あれがおらんから、よかったよ。あれがいたら、もっと毒素や放射能が広がる。あれがいないだけでも、私は、ちょっと上品にしゃべれるわな。

里村　いや、いつでも、すぐに出てこれる体制ではあります。

佐藤守護霊　おるんか？　おお！

里村　はい。スタンバイしています。

佐藤守護霊　いらんいらん。酒井同士でやっとりゃいい。

小林　今日は、書籍にしたときに、公《おおやけ》の議論として堪《た》えられるレベルでやらせていただきます。覚悟《かくご》してください。そういう場にさせていただきますので、よろしくお願いします。

佐藤守護霊　ほおぉ！　君も、訴《うった》えられないように気をつけたほうがいいよ。君ねえ、「人間失格」なんて、公人たる新潮社の社長に対する名誉毀損が成立するよ。「事実か、事実でないか」なんて、関係ないんだよ。『人間失格』っていう題を、公人であり、生きている佐藤社長に付けた」ということ自体で、損害賠償として一億円ぐらいは払わないといかんわ。

小林　この二十年間、「週刊新潮」では、そうしたことを何人の方に対してやってきたのですか。

佐藤守護霊　私の負けた分ぐらいは払ってもらいたい。一億六千万円だ。

里村　いや、「佐藤社長は、いったい、一年間で何十人、何百人に、『人間失格』の烙《らく》印《いん》を押《お》し続けているか」ということですよ。

佐藤守護霊　それは仕事だから、しょうがないじゃないか。

渡邊　しかも、太宰治《だざいおさむ》の『人間失格』で、新潮文庫は六百万部以上を売って、儲《もう》けていますよね。

佐藤守護霊　そうか。そうか。そうか。

渡邉　「『太宰治と同じ扱《あつか》い』というだけでもありがたい」と思っていただきたい。

佐藤守護霊　ああ、そりゃあ、名誉なこったよなあ。

里村　このタイトルは、佐藤社長にお話を訊《き》くにはぴったりかと思います。

佐藤守護霊　うーん……。君、「社長失格」が正しい日本語だろ？

里村　ええ、それも含《ふく》まれます。

3　今回の「捏造記事《ねつぞう》」を書いた理由

宗教を題材にする場合、「自らのスタンス」を明確にする必要がある

小林　それでは、まず、宗教的な観点から、ご意図を伺《うかが》います。経歴を拝見いたしますと、出版社の社長としては非常に珍《めずら》しく、理科系の東京理科大をご卒業されています。

佐藤守護霊　なんか文句あるわけ？

小林　いえいえ。そちらのほうが、ご専攻《せんこう》であられたわけですね。というこことは、基本的な人間観といいますか、人生観をお伺いしたいのですが、要するに、神や仏、あの世の世界等に関しては、公人として、どのような見解をお持ちなのでしょうか。

佐藤守護霊　まあ、世の中には、信仰《しんこう》のある人もいるだろうよ。それを全部否定しているわけではない。

小林　あなた自身はいかがでしょうか。

佐藤守護霊　私の家系にも、信仰がある人もいたことはいたからな。

里村　そうですね。初代の佐藤義亮《よしすけ》さんの父上は、熱心な仏教者でした。

佐藤守護霊　うんうん。まあ、いたことはいたから、まったく無関心で否定するカルチャーにいたわけではないけどもね。

小林　はい。それで、あなた自身はいかがでしょうか。

佐藤守護霊　私自身の専門は、ノーサイドだ。特に見解というか、「立脚点《りっきゃくてん》がここにある」っていうことはない。

小林　少なくとも、宗教を対象にした記事を書いている公人としては、そのスタンスは許されないんですよ。

佐藤守護霊　うーん……。

小林　ですから、イエス・オア・ノー、どちらであるかを明らかにしないといけない。

佐藤守護霊　うーん……。

小林　信じているんですか。あるいは信じていないんですか。どちらなんですか。

佐藤守護霊　まあ……。

小林　あのような記事を書く以上、あなたは、「どちらの立場で書いたのか」という、自らのスタンスをディスクロージャーする義務があります。どちらでしょうか。

佐藤守護霊　うーん……。でもねえ、政治批判をしているからといって、民主主義を否定しているわけじゃないんだよな。

小林　今、かなり低レベルのすり替《か》えをされたので、その議論には入りたくありません。

佐藤守護霊　うーん、そうだよ。分かったか？　その程度は分かるか。

小林　あまりにも初歩レベルで、議論に値《あたい》しないすり替えでした。

それは脇《わき》に置きまして、要するに、宗教や、それに関連する事業を題材にした場合には、「語り手、発行者側、あるいは編集者側は、どちらの立場に立っているか」ということを明確にする必要があるんです。

売り上げを回復するために「幸福の科学批判」を始めた？

佐藤守護霊　基本的に、一九八〇年代、九〇年代以降、おかしい宗教は幾《いく》つか出たじゃない？　これについては、確かに批判はしたと思うよ。あと、やったとしたら、大きなところでは、創価学会《そうかがっかい》や幸福の科学の批判はしたが、それ以外の宗教については、特に述べてはいないから、全部の宗教を否定しているわけではないわなあ。

里村　阿含宗《あごんしゅう》の広告をよく見ますが、広告を載《の》せてもらっていると、なかなか批判できませんよね？

佐藤守護霊　あれは、いちおう、電通《でんつう》が関係あるんだ。電通は、俺《おれ》が四年ほどお世話になったからさ。それで、電通が阿含宗の宣伝をやってるからね。

里村　なるほど。元の会社のけっこうな広告主でいらっしゃる。

佐藤守護霊　電通のかなりの偉《えら》いさんが、あっちに行って手伝ったからさ。

里村　その関係から、あまり否定することはおっしゃられない？

佐藤守護霊　電通があれ（阿含宗の宣伝）で金を稼《かせ》いでるから、ちょっと言いにくいんだよなあ。

小林　『「週刊新潮」に巣くう悪魔《あくま》の研究』『徹底霊査《てっていれいさ》「週刊新潮」編集長・悪魔の放射汚染《おせん》』でも、講談社と多少違《ちが》う扱《あつか》いをしていた理由として、「武士の情け」ということが述べられていました。

さらに、付け加えて言えば、新潮社と幸福の科学のファースト・コンタクトは一九九〇年で、あなたはすでに取締役《とりしまりやく》になって経営責任を負っていました。ただ、あのファースト・コンタクトは、新潮社の社員による当方への住居侵入罪《しんにゅうざい》だったわけです。

そういう状況《じょうきょう》であったにもかかわらず、当会が新潮社に対して講談社とは違う対応をしてきたのは、創価学会等、幾つかの問題ある宗教に対して、一定の発言をしておられるところに免《めん》じて見ていたからです。

しかし、客観的に見て、創価学会も最盛期を過ぎて話題が少なくなりました。新潮社の年間売り上げは、数年前の三百億円から、昨年は二百五十億円を切り、今年は、業界誌によると、「どうも二百億円を切るんじゃないか」という経営実態です。

佐藤守護霊　それは、どこの話なんだ。

小林　新潮社の話です。複数の雑誌で、「二〇一三年三月期の決算は、もしかしたら二百億円を切る」と書いています。

佐藤守護霊　（舌打ち）ああ……。

小林　要するに、数年前の三分の二です。

佐藤守護霊　（舌打ち）

小林　普通《ふつう》の会社で言いますと、「売り上げが三分の二まで落ちる」というのはすごいことです。特に、出版社は固定費が高いですから、大変です。そういった状況のなかで……。

佐藤守護霊　君、言葉が長いよ。だから、「断末魔《だんまつま》の年内解散みたいなのが、新潮社にも迫《せま》ってる」と言いたいわけね？　そういうことね？

小林　要するに、創価学会のような宗教を相手にしているだけでは、とうとう食いっぱぐれるようになってきて、それで、「幸福の科学に対しても、いろいろと言い出した」というのが、昨今の状況ですね。

自社広告掲載《けいさい》の背景にある「経営の行き詰《づ》まり」

佐藤守護霊　うーん。よく頑張《がんば》ってるじゃないか。（「週刊新潮」十一月二十二日号の目次ページを見て）「自費出版のご案内」「新潮社があなたの『本作り』をお手伝い」……。

里村　これが、「商売が行き詰《づ》まり始めているのではないか」という評判のところです。

佐藤守護霊　評判のとおりだよ。

里村　週刊誌の目次ページは、いわゆる「突《つ》き出し広告」と言って、モノクロページでは、大事な広告費を稼ぐ場所です。そこが、「あなたの本を出版します」という自社広告になってしまったんです。

佐藤守護霊　だから、いい本がないんだよ。売れる本が。

小林　いちばん儲《もう》かるところなんですけど。

佐藤守護霊　あんたらねえ、九月に、一人の著者（大川）で二十冊も本を出して、こんなの独占禁止法違反《どくせんきんしほういはん》だよ。

小林　再販《さいはん》制度により、独占禁止法違反から守られている身で、そういうことを言ってほしくないんですけども。

佐藤守護霊　全部、売れ部数が万単位だろう？

小林　そうですよ。

佐藤守護霊　君、そんなことがあってたまるか！

里村　いや、目次にこれ（自費出版の広告）があるのは、問題の「今週号」を象徴《しょうちょう》していますわ。

佐藤守護霊　これはねえ、本を売って儲ける気なんかないのよ。「本を出したい」という人から金を巻き上げる目的でやってるわけだから。

里村　そうなんです。

佐藤守護霊　「出版社がこれをやる」っていうことは、よっぽど、経営が行き詰まってるってことだ。

里村　結局、苦しいわけですね。まさに、そうです。

佐藤守護霊　これで、金をいくら巻き上げるかで、リストラの数が決まるんだからさ。

里村　はい。

佐藤守護霊　これには書いてないけど、「山の上ホテルかなんかにいきなり監禁《かんきん》し、編集者みたいに『先生、書いてください』と言って、作家気分を味わわせてやる」というような高付加価値までつけて、それで、金を取ろうとしてるんだ。本を売って金を取ろうとしてるんじゃなくて、これは、「チャンスを提供する」という一種の商社機能だな。そういう媒介《ばいかい》機能で食べていこうとして、新事業の開拓《かいたく》に励《はげ》んどるわけよ。

それは、この業界の厳しさが……。

里村　いや。新事業開拓というよりも、商売が行き詰まってきているんですよ。

佐藤守護霊　そうなんだよ。だから、君たちへの風当たりがきつくなってるわけ。

小林　だから、今回、〝捏造《ねつぞう》のデパート〟のような記事を書かれたのですね。

佐藤守護霊　そう言ったってさあ、それは決めつけだから。

4 「週刊誌の記事など誰《だれ》も信じない」という開き直り

「どれが正しいか」が分からないから、「読者に判断してもらう」

小林　それでは、これから、一個一個、捏造《ねつぞう》の立証に入りましょうか。

佐藤守護霊　もし、「大川隆法の霊言《れいげん》」というのが捏造だったら、君たちの過去の仕事は、全部、捏造ってことになるわけだ。それだと、君ら宗教法人は、根本《こんぽん》から全部崩壊《ほうかい》するよ。

小林　いいですか？　冒頭《ぼうとう》で、あなたは、「自分が霊であることを認識している」とおっしゃいましたね。

佐藤守護霊　ああ、知ってるよ。

小林　では、霊言が捏造であるわけないじゃないですか。現に今、あなたは、大川隆法総裁の肉体に入って、しゃべっているわけですから、総裁の霊言が捏造ではないことを、あなた自身が、冒頭の発言で立証したわけですよ。

佐藤守護霊　うーん、まあ、そうだけども……。

小林　そうでしょう？　だから、その議論はもう結構です。

佐藤守護霊　しゃ、しゃ、写真が撮《と》れないじゃない。（手元資料の佐藤社長の写真を見ながら）写真を撮って、大川隆法の顔が、こんな細長い、睨《にら》みつけてるような顔に写ったら、それは本物です。

小林　やっぱり、あなたは唯物論者《ゆいぶつろんしゃ》なんですね。肉体で表現され、物などの形になって表れないと信用できないのなら、「あの世を否定する唯物論の立場から、週刊誌を編集している」ということです。

佐藤守護霊　君ねえ、電通《でんつう》だって、信じていようが、信じていまいが、とりあえず、いろんなものの広告を取り扱《あつか》うよ。それと同じように、信じていようが信じていまいが、内容がいいと思うか思わないかは別として、週刊誌だって、本だって、いろんなものを取り扱っている。いちおう、「採算が取れるかどうか」ぐらいのチェックはするけれども、いろんなものを出している。

だけど、「どれが正しくて、どれが間違《まちが》ってるか」ということは分からんから、自由に出版して、読者にご判断いただくわけだ。

「記事を信じるやつが悪い」という無責任な本音

小林　それは、「週刊新潮」が四十年前に〝辻斬《つじぎ》り〟をしていたレベルのときに許されたスタンスです。要するに、今、あなた自身の記事は、総理大臣のクビも飛ばし始めているわけですよ。

佐藤守護霊　まあ、そうだねえ。

小林　その自覚はあるでしょう？

佐藤守護霊　うん。それはそうだなあ。

小林　その立場に立った人間は、そういう無責任なことが許されなくなります。それは十分に分かっていますね？

佐藤守護霊　それは、俺《おれ》のところだけじゃない。ほかの出版社も、名前だけは鳴り響《ひび》いているけれども、経営実態は中小企業《きぎょう》だな。その中小企業が、「国家のトップクラスのクビを取れる」っていう責任の重さは感じるけどさあ、まあ、信じるやつが悪いんだよ、信じるやつが。

里村　ちょっと待ってください。

佐藤守護霊　単に、信じなきゃいいんだから。

小林　分かりました。そういう立場で書かれているんですね。

佐藤守護霊　うんうん、そう。

小林　要するに、「俺の書いたものなんか信じるな。こんなものは、まともに信じて読むな」ということなんですね。

佐藤守護霊　普通《ふつう》はそうでしょう。週刊誌の記事なんて、普通は信じないじゃない。

小林　そうやって騙《だま》して、売り逃《に》げしたらこちらのものだと。

佐藤守護霊　信じるやつがいるから、クビになるんだろ？　信じなかったら、クビにならないんだ。あるいは、「信じるやつがいる」と思うから、クビを吊《つ》ったりするんだろ？

小林　それで、捏造をデパートの商品のように並べるわけですね。

「週刊新潮」の部数が激減したのは、国民があきれ返っている証拠《しょうこ》

佐藤守護霊　宗教とは、まさしくライバルなのよ。宗教だって、百パーセント信じる人なんか、誰《だれ》もいないよ。その代わり、ゼロパーセントでもないわな。みんな、その途中《とちゅう》のどっかにあるわけよ。週刊誌も一緒《いっしょ》なんだ。「どれだけ信じて、どれだけ信じてないか」という週刊誌の統計は取れないので、さすがに発表しないけども……。

小林　つまり、「正しい宗教が広がることによって、自分たちのマーケットがなくなっていく」ということですね。

佐藤守護霊　「正しい」という形容詞を付けたけど、それは取ってください。宗教が広がることによって……。

小林　つまり、宗教の啓蒙《けいもう》によって、あなたがたの劣悪《れつあく》なマーケットがなくなってきたことに対して、経営上の危機を感じ、総理大臣ならぬ国師《こくし》に対して、いよいよ攻撃《こうげき》を始めたわけですね。

佐藤守護霊　いやいや、そんなことないけど、君、文が長い、長い、長い。
　週刊誌でも、いい週刊誌の部数がたくさん出てるわけではないからね。それは、はっきり言っとくよ。宗教も、いい宗教の人数が多いとは、必ずしも限らない。

小林　ただ、ここ一年、二年の週刊誌の記事のレベルはひどいですね。おたくもひどいですけど、「文春《ぶんしゅん》」さんもひどいです。要するに、読者はあきれ返ってきているんです。

佐藤守護霊　「文春」も、食えないんだよ。「文春」は、もうちょっと高楊枝《たかようじ》でやっていたんだけどね。

小林　あなたのおっしゃったことは、短期的には当てはまるかもしれませんが、一二、三年や、数年の年月で見ると、やはり、部数が落ちている理由は、国民にあきれ返られているからなんです。

ちなみに、「週刊新潮」の印刷部数は、八年前の五十五万部から、今回三十八万部に減っています。

佐藤守護霊　君、ちょっと長いんだよ。応酬《おうしゅう》できるように、言葉を短くしてくれない？　持ち時間を一緒にしてくれないかなあ。

小林　ですから、十七万部減ったことに対して、どのように分析《ぶんせき》されているのでしょうか。

佐藤守護霊　いや、元の数字が嘘《うそ》であって、今のが実数かもしれないじゃないか。それは分かんない。

里村　いや、元が嘘だったら、今も嘘です。今もかさ上げしているわけです。

佐藤守護霊　私たちだって、広告代を取るんだから、大きめに言わなきゃいけないんだよ。

里村　うーん。そうでしょうね。

佐藤守護霊　だから、今まで、宗教の信者数については、ときどきは言うけれども、実際、きつい追及《ついきゅう》はしてきてないのよ。

「『週刊新潮』の部数の嘘《うそ》」をスクープする

小林　そうしますと、以前、あなたがたは、読売新聞に対して、「部数が嘘《うそ》だ」と書き、裁判で負けましたが、そんな記事が書けたのも、そもそも自分たちが部数のゴマカシをやっていて、それによって広告主を騙していたからですね。

佐藤守護霊　それは、業界全部がやってる。大きく見せないと、広告代が取れないじゃん。安くなっちゃうんだ。

小林　特に、「週刊新潮」の場合、それが著《いちじる》しかったわけですね。いちおう、部数のＡＢＣ（新聞雑誌部数公査機構）公査は受けたことになっているけれども、あの五十五万部は、「実は嘘だった」ということですね。

佐藤守護霊　うん、まあ、そ……。

小林　あ！　これは、スクープです、ありがとうございます。

佐藤守護霊　いや、いや（笑）。君、漫才師《まんざいし》だね（会場笑）。一人でしゃべってるね。

小林　今の点に関して、反論はいかがでしょうか。

佐藤守護霊　君らの雑誌じゃ、小さすぎてさあ。今日は、編集長がいないのか。面白《おもしろ》くねえなあ。いじめられないなあ。

里村　（笑）

佐藤守護霊　あのミニコミ誌なあ。

里村　その前の編集長が二人（小林、里村）並んでいますから、はい、どうぞ（会場笑）。

佐藤守護霊　ああ、そうか。君が売り上げを下げてきたんだろう。だから、みんなクビになって、天上《あまあ》がったんだろう。

里村　いえいえ。どんどん、優秀《ゆうしゅう》な若手が出てくるんですよ。

佐藤守護霊　君らの出版社なんか、ゴミみたいで引っ掛《か》からなくて、調べられないらしいじゃないか。

酒井《さかい》編集長を「イモ」呼ばわりして叱《しか》る佐藤社長守護霊

小林　ただ、新潮社は電子化の対応が遅《おく》れていますが、「ザ・リバティ」は、紙媒体《ばいたい》と電子媒体が、アメリカの媒体のように、だんだん拮抗《きっこう》し始めています。

そういったあたりで、新潮社もご苦労されています。最近のことはあまり分からないようなので、昔の目だけで見ていただくのはいかがなものでしょうか。

佐藤守護霊　俺は電気工学科卒だから、電子書籍《しょせき》への対応が十分できますよ。

小林　それは、売り上げの何パーセントを占《し》めていますか。

佐藤守護霊　出版社のなかで、いちばん適性がある。

小林　（笑）

里村　いや、そういう評判はあまり聞きませんよ。逆の評判は聞きますけど……。

小林　そういうことは、すぐにバレますから、おっしゃらないほうがよいと思います。

佐藤守護霊　俺には、あるんだけども、他の社員が電気の素人《しろうと》ばかりで、全然、分からないんだよ、文科系のクズばかり、いやいや、それはいかん。文科系の、当時は優秀であった人ばかりが来とるから、ちょっとよくないんだな。

里村　今、「クズ」とおっしゃいましたが、ちなみに「週刊新潮」の酒井《さかい》編集長のことは、どのように思っていますか。

佐藤守護霊　いやいや、それは、社長が内部の人を叱《しか》るときの言葉なんだ。これは言葉を選ばないと。

里村　え？　なぜ、言葉を選ぶ必要があるんですか。

佐藤守護霊　まあ、クズではないよ。イモだ。

小林　どういったあたりがイモですか。

佐藤守護霊　あれは、芋侍《いもざむらい》だ。あんな潰《つぶ》れ損《そこ》ねたリクルートから来たような、偽物《にせもの》宗教家の酒井あたりと互角《ごかく》の戦いをやるようでは、それはイモだわ。

編集長なら、斬って斬って斬りまくらなきゃ駄目《だめ》だわ。もっと人が悪くなきゃ駄目なんだ。

里村　そうすると、物足りない？

佐藤守護霊　物足りない。あんな出来損ないの宗教人に、言論戦で相討《あいう》ちにされるようじゃ駄目だ。

里村　それなら、もう、飛ばしちゃったらどうですか。

佐藤守護霊　ほんと、飛ばしたいぐらいだ。「悪魔《あくま》の放射汚染《おせん》」って、なんたることを言うか。これじゃ、風評被害《ひがい》で、イモが売れんようになる。

里村　交代させたら、いかがですか。

佐藤守護霊　でも、「悪魔がどこから始まっとるか」という問題があるからな。悪魔がやたら出てくる。なんで、「新潮」にばかり「悪魔」を使うのよ。

里村　それは、後半に訊《き》こうと思っています。

佐藤守護霊　ほかのところには使わないで、「神様」と言ってみたりしてるのに……。

里村　いや、われわれも不思議なんです。なぜか、「新潮」さんをやると、悪魔が出てくるんですよ。

佐藤守護霊　なんで悪魔なんだろうなあ。

里村　それは、あとでお伺《うかが》いしたいと思います。

5 「週刊新潮」のあきれた取材姿勢を追及《ついきゅう》する

「宗教と週刊誌は一緒《いっしょ》」なのか

里村　先ほど、小林のほうからもお訊《き》きしましたが、今週号の記事について、改めてお伺《うかが》いしたいと思います。

佐藤守護霊　はいはい。これは、ただの「始まり」だからね。

里村　佐藤社長（守護霊）は、先ほど、「読者に判断を委《ゆだ》ねる」というような言葉を、チラッとおっしゃいましたね。

佐藤守護霊　そらあ、そうだよ。民主主義はそうだよ。

里村　ちょっと待ってください。今回のこの記事のタイトルは、「子供に嘘《うそ》を刷りこむデタラメ授業！」です。ビックリマーク付きで断定しているじゃないですか、これは！

佐藤守護霊　いやいや、そんなことはない。

里村　読者に判断を委ねていませんよ。

佐藤守護霊　その記事を信じる人と信じない人がいるわけですから、それは「踏《ふ》み絵」なんだよ。

里村　そんなことを書いたら駄目《だめ》です。それこそ「嘘」ですよ。

佐藤守護霊　宗教だって、みんな断定してるでしょ？

小林　いや、宗教と違《ちが》って、あなたは事実でないことを言っているんです。

佐藤守護霊　「大川隆法は、エル・カンターレである」と断定している。ええ？

里村　それは真理を断定しているんですよ、真理を。

佐藤守護霊　それを信じるか信じないかは勝手なんだろ？

里村　真理を断定しているんです。

佐藤守護霊　え？　「かもしれない」と言いなさいよ。

里村　何が嘘なんですか。

佐藤守護霊　「宗教と週刊誌は一緒《いっしょ》なんだ」って言ってるんだから、構わないんだよ。

里村　先ほど「全然違う」と言ったじゃないですか。

佐藤守護霊　ああ、そうか。

里村　正反対だと。

佐藤守護霊　いちおう、まあ……。うん。

今回の記事には「数十個の嘘《うそ》」が並んでいる

小林　具体的には、数十個の嘘《うそ》が並んでいるんですけれども。

佐藤守護霊　数十って……（笑）。

小林　まず、一つ挙げますと、例えば……。

佐藤守護霊　君は出世しないよ、そんなに細かいと。

小林　別にいいです。数十個の嘘が並んでいて、そのうちの一つが、「露骨《ろこつ》な政治教育をしている」ということなんですが、こういう嘘は言ってほしくないですね。

佐藤守護霊　それは、「性教育」の間違いなんじゃない？

里村　（笑）「政治教育」です。

小林　学園の授業では、『幸福実現党宣言』（幸福の科学出版刊）が参考書籍《しょせき》になっていたときと、マルクスの『共産党宣言』が参考書籍になっていたときがあるんです。そのことは、事前に全部、取材のときに説明し、一担当者だけではなくて、その説明を聞いたデスクが、「分かりました」と言ったんですよ。

ところが、そのあと、こちらに無断で、それに反論する「ある男子生徒の発言」なるものを持ってきて、「『共産党宣言』は学んでおりません」と書かれたんですけれども、これは完全な嘘ですよ。

佐藤守護霊　あのねえ、うち……。

小林　裁判で立証不可能です。こういうことが、数十個も並んでいるんですよ。

佐藤守護霊　うちの編集部がねえ、マルクスの『共産党宣言』なんか、ちゃんと読んでるわけないでしょう。

小林　いや、別にそういうことを訊いているわけではありません。

「授業で取り上げた」ということを、「授業で取り上げていない」という文章にすり替《か》えて、それが、「ある男子生徒」の発言として書いてあるんですけれども、そんな男子生徒はいないんですよ。

佐藤守護霊　うーん。

小林　そして、「そんな生徒はいない」ということを、実は、編集者は、あらかじめ分かっていたんです。にもかかわらず、こちらが質問に答えたあとに、われわれに黙《だま》って、その捏造《ねつぞう》した文章を勝手に書き足したんですよ。

佐藤守護霊　うーん。

小林　こういうものが、数十個並んでいるんです。

「寮内《りょうない》に監視《かんし》カメラがあるのか」という質問は、社長自身の願望の表れ？

里村　今回、「週刊新潮」さんから頂いた質問は、なんと六十個を超《こ》えていました。

佐藤守護霊　ほう。

里村　普通《ふつう》、そんなことはありえないですよ。

佐藤守護霊　なかなか優秀《ゆうしゅう》だねえ。

里村　いや、優秀なんじゃなくて、全然、質問が絞《しぼ》り切れていないんです。

佐藤守護霊　いや、そんなことはないよ。

渡邊　社長はご存じないかもしれませんが、仰天《ぎょうてん》するような質問があるんですよ。少しご紹介《しょうかい》しましょうか。

佐藤守護霊　ほーう。どんな優秀な質問が……。

渡邊　例えばですね、「学園の寮内《りょうない》には監視《かんし》カメラがあると聞きましたが、合計幾《いく》つあるのでしょうか」とか。

佐藤守護霊　アッハッハ。

渡邊　これは、まったくおかしな質問ですよ。

佐藤守護霊　いや、そんなことはない。それは重要なことだ。

渡邊　さらに、聞いてください。「寮の各部屋、浴場、トイレなど、生徒のプライバシーにかかわるような場所に、監視カメラがあるのでしょうか」とか。

里村　あるわけがないでしょう。

渡邊　頭がおかしいですよ（笑）。

小林　こんな下品な質問は、初めて受けましたよ。

里村　初めてです。

佐藤守護霊　いやあ、それはねえ、いやあ、取り付けるべきだよ。

里村　「文春《ぶんしゅん》」でもここまでは訊いてきません。

佐藤守護霊　やっぱり、これはねえ、もう私らも霊能者《れいのうしゃ》だから、分かるんだよ。

小林　いいですか。それは、「女子トイレにも、カメラを付けるべきだ」ということなんですよね？

佐藤守護霊　あの校長の心をジーッと遠隔透視《えんかくとうし》するとな、「やっぱり、全部、カメラを付けたいだろうなあ」と。

里村　そんなことは絶対にないです。

渡邊　「自由」が学園の理念ですから。

佐藤守護霊　もう、女子寮の部屋から、女子トイレから、お風呂《ふろ》まで、全部付けて、ジーッと見たいだろうよ。勉強をサボって、お風呂で長湯をしてるやつもいるからね。やっぱり、お風呂にカメラを付けておき、「校長が見ている」と思ったら、長風呂をして勉強をサボれなくなる。それが常識じゃないですか。

里村　それは、校長ではなくて、佐藤社長の願望ではないんですか。

佐藤守護霊　ええ？

「独房《どくぼう》」の記事は、「オウムに近づけたい」という意図によるもの

渡邊　さらには、インターネットの「2ちゃんねる」などで流れている噂《うわさ》に基《もと》づき、「複数の教員が、無免許《むめんきょ》で授業を受け持っているのではないでしょうか」と訊いてきているんですよ。

佐藤守護霊　うん、まあ……。

渡邊　そんなことは、ありえないですよね。

佐藤守護霊　いや、校長からして無免許なんだから、そのとおりじゃないか。

渡邊　いいえ、校長は宗教科の臨時免許を持っていますよ。

さらに、「懲罰《ちょうばつ》を行っている」と書いています。学校教育には、「懲罰」というものはありません。「懲戒《ちょうかい》」になっているんです。でも、すべて、質問書には「懲罰」という言葉を使っていました。

里村　このことについては、デスクと記者とライターの三人にきちんと説明したんですよ。

懲罰というのは、学校教育法にもないんです。懲戒はあります。懲罰は、「罰を与《あた》える」ということですが、懲戒は、「教育する」ということなんです。その違いを説明したのですが、またしても「懲罰」という言葉を使っているわけです。

渡邊　ひどすぎますよ。

小林　こちらの説明を全部無視して、刑務所《けいむしょ》の懲罰用の「独房《どくぼう》」という言葉を使ったんですよ。

渡邊　「独房」ですよ。

佐藤守護霊　そのとおりじゃん。

小林　事実関係を言うと、これを書いた人は、かつて学園を見学したことがあって、学園が完全な開放系であることを知っていながら、わざとこういう嘘を書いたんです。

なおかつ、刑務所の「懲罰用独房」という言葉を使った上で、「ある生徒のコメント」と称《しょう》して、「ある日、突然《とつぜん》、生徒がいなくなりました」とか、「そのことに対して、先生から何の説明もありませんでした」とか、出所不明のコメントが、突然、登場するんですが、この発言の存在も嘘ですよ。

佐藤守護霊　まあ、結局、それはねえ、意図は、はっきりしている。

小林　こういうものを全部並べていった結果が、記事の冒頭《ぼうとう》にある、編集部の付けたタイトル、「子供に嘘を刷りこむデタラメ授業！」になっているわけですよ。

佐藤守護霊　いや、それは授業内容についての問題だろ？　独房とは別だろ？だから、その独房の記事は、たぶん、「オウム真理教にできるだけ近づけたい」という意図だと思いますなあ。

小林　だから、客観的な根拠《こんきょ》がまったくないことを言っている。

佐藤守護霊　いやあ、山のなかにあるしさあ、オウムみたいなことをやれそうじゃないか。ねえ。

小林　あまり細かいことは言いたくないんですが、記事のなかで、「車で一時間かかる」とかいう表現もあります。しかし、新幹線の駅から車で三十分ですよ。そういう初歩的なミスはやめてほしいんですよね。

渡邊　記者は、それを知っているんですからね。しかも、そういうミスがないように、わざわざ総合本部まで、デスクと記者とライターを呼んで説明をしているんですよ。彼らは、何を聞いていたんでしょうか。

佐藤守護霊　いやあ、もう書くことは決まってるから、説明を聞いたってしょうがないんだよ。聞くのは、形上《かたちじょう》だけのものだ。

6 汚染《おせん》された情報源をもとにする「週刊新潮」

「情報源が嘘《うそ》を言っている」と知りながら記事を書いてよいのか

渡邊　そうだとすると、その記事を書くことを決めた最初の情報が、実は、先ほど、「幸福の科学をオウムと同じにしたい。幸福の科学を潰《つぶ》したい」と思っている情報源から出ているということが、はっきりしているわけです。

佐藤守護霊　いやあ、君らねえ、信者や、かつて信者であった人たちが、みんな、今も君たちを百パーセント信じて、支持していると思ったら間違《まちが》いでね。やっぱり、運営の不備に対する不満は、あちこちに渦巻《うずま》いとるわけよ。

学園に対してだって、君ら広報が取材しても、悪いことは言わないだろうけども、ほかのところが取材したら、悪口はちゃんと出てくるんですよ。それに関してはね、全部、嘘《うそ》を言ってるわけじゃないよ。

里村　いやいや、そういう運営の不備の部分については、きちんとお聞きして、改善していくのは当然ですが……。

佐藤守護霊　当たり前ですよ。どんな学校にだって、それはあるんですから。

里村　そうではなくて、嘘でもって人を批判するような情報源を使っていることが、問題なんです。

渡邉　そうです。情報源がそもそも汚染《おせん》されているのに、その検証をしていないんですよ。

佐藤守護霊　いや、まあ、大した記事じゃないだろうが。

小林　いやいや、「その情報源は、詐欺行為《さぎこうい》をしている」ということを言っているんですよ。

佐藤守護霊　だけど、大した……。

小林　「詐欺行為をしていることを知った上で、それを唯一《ゆいいつ》の情報源にして記事を書いていることが問題だ」と言っているんですよ。

佐藤守護霊　ちっちゃい、ちっちゃい。もう、どうでもいいようなことだ。

小林　そのことに関してコメントを頂きたいんですが、いかがですか。

佐藤守護霊　いや、開成《かいせい》なんかでもさあ、もう、飛び込《こ》み自殺をしたとか、そんな記事だって載《の》ったことがあるわけだからさ。それでも学校はもっているわけだから、その程度のことで、もたなくなるような学校じゃ、君、それは駄目《だめ》だよ。

小林　われわれは、教育界の代表としてやっているんです。ですから……。

佐藤守護霊　代表！　ほおー。

小林　ええ。だから、仮に、幸福の科学学園が本件でもったとしても、ほかの普通《ふつう》の私立学校であれば、この記事一本で、倒産《とうさん》するところが出てきますよ。

里村　タイトルが「学園の罪」ですよ。

小林　倒産するところが出てきます。

佐藤守護霊　罪だねえ。

渡邊　それは犯罪行為だと言っているんです。

小林　そのことに関して、公人としての責任を、いかがお考えですか。

佐藤守護霊　ああ、分かった、分かった、分かった。君たちとの意見の違いの意味が分かったよ。罪を決めるのは神様の専権事項《せんけんじこう》だよな。だから、新潮が「悪魔《あくま》」だというのは間違いで、「神の放射汚染」とか、「週刊新潮　神の研究」とか、こういうふうに題を直すべきだな。うんうん。

小林　またちょっと、レベルの低いすり替《か》えが始まったのですが。

里村　やめてくださいよ。

佐藤守護霊　罰《ばっ》を下《くだ》すことができるのは、「神」なんだ。

渡邊　今のお話を聞いていても、佐藤社長が、いかに判断のできない人かがよく分かります。

佐藤守護霊　私は、判断のできる論理的な人間だよ。

誤報の際の減俸《げんぽう》や降格は、「社会の公器」に見せるため

渡邊　例えば、二〇〇九年には、「朝日新聞阪神《はんしん》支局襲撃《しゅうげき》事件」に関する記事で、誤報を出しましたよね。それで、社長は、「自分も減俸《げんぽう》になった」などと言っていますが、その記事を掲載《けいさい》した早川《はやかわ》編集長はどうしたかというと、そのあと、「『週刊新潮』は、こうして『ニセ実行犯』に騙《だま》された」という記事を十ページも書いたんです。

それに対しては、産経新聞や朝日新聞などの社説で、「弁解」「居直り」「騙されたという被害者《ひがい》の立場に立っている」等、もう、さんざんに叩《たた》かれました。

さらに、その早川編集長を昇格《しょうかく》異動させて、取締役《とりしまりやく》にしたんですよ。こんなことは

ありえません。普通であれば、編集長のクビも、社長のクビも、このときに飛んでいなければおかしいんですよ。

世の中の会社であれば、百社のうち九十九社は、通常、クビが飛びます。飛ばないのは、同族経営で今までやってきた新潮社さんだけだと思います。

佐藤守護霊　あのねえ、俺《おれ》たちのようなさあ、社員が三百人か四百人しかいないような、こんな中小企業《きぎょう》でさあ、そんな減俸処分なんてやる必要はないわけよ。当ったり前じゃん。こんなのは、もう、個人企業なんだからさあ。

里村　やっぱり、居直っていますね。

佐藤守護霊　ええ。そんなの、やる必要なんかないのよ。ただ、建前《たてまえ》上、「社会の公器」であるように見せるために、そうしているだけなんだ。

里村　公器に見せるためにですか。

佐藤守護霊　だから、降格なんかも、そんなことをする必要はまったくないの。

里村　そうすると、佐藤社長、「編集部はこうして騙された」というなら、その騙された編集部に騙された読者はどうなるんですか。

佐藤守護霊　だから、それは宗教に騙された信者と一緒《いっしょ》だよ。それはもうしょうがないよ。

里村　宗教は騙していません。

佐藤守護霊　いや、騙されたことに罪があるんだよ。

里村　話をすり替えないでください。読者のことをどう思っていらっしゃるんですか。

佐藤守護霊　私たちは読者に情報提供をしているわけだよ。それを信じるか信じないかは、読者の問題なんだ。だから、汚染されるか汚染されないか、それは知らない。彼らの問題だな。

里村　少なくとも、「朝日新聞襲撃事件の真犯人の告白」と思って記事を読んでいた読者はどうなるんですか。

佐藤守護霊　うん。まあ、放射能と一緒で、これは、ほんとに目に見えないものなんだよ。

里村　「放射能のように有害なものである」ということは認めるわけですね。

佐藤守護霊　いや、目に見えないから、害があるかないかも分からないけど、「ある」と言われたら、あるように見えるし、「ない」と言えば、ないように見えるんだ。

われわれは、抽象《ちゅうしょう》的な情念の世界を言葉にしているだけだから、それを真《ま》に受けて、実体的に被害を受けたように思う人もあれば、まったく何にも感じない人、「放射能は見えないから、ない」っていう人もいるわけよ。

「宗教系の私立学校に補助金を出すな」というのが本心

里村　いや、それはとんでもない詭弁《きべん》ですね。学園に対して、「嘘を刷りこむデタラメ授業！」と言っているんですよ。

佐藤守護霊　いや、デタラメ……。

里村　学校について、こんなことを言われたら……。

佐藤守護霊　何言ってんの。国民投票にかけてごらんなさいよ。

学校の名前は伏せて、「ある学校では、坂本龍馬《さかもとりょうま》の過去世《かこぜ》が、中国の三国志の有名な英雄《えいゆう》、劉備玄徳《りゅうびげんとく》だと教えています。こういう授業は正しいでしょうか」と、国民投票にかけたら、それはもう、九十何パーセントはねえ……。

里村　その質問が間違っているんですよ。その質問自体がインチキなんです。

佐藤守護霊　「そんなインチキを教えたらいけない」という意見が、九十何パーセントだよ。

里村　いや、違いますよ。それは質問がおかしいんです。授業で教えているわけではないんですよ。授業は、ちゃんと教科書を使って、学習指導要領に則《のっと》って行っているんです。その上で、教師の余談、あるいは、雑談として、こういう話をするのは問題ないんです。それは、顧問《こもん》弁護士にも確認しています。

小林　教育専門の顧問弁護士に、一つずつ確認して行《おこな》っていますから。

佐藤守護霊　いや、それはねえ、やっぱりねえ……。

小林　だから、あなたのその発言は、ミッション系や仏教系の、いろんな学校の授業を全部否定していくことになるんですよ。

佐藤守護霊　いや、だから、そういうミッション系や仏教系の学校はあってもいいけどさ、そういうところに文科省の補助金が入ること自体が間違っているんだ。税金の無駄遣《づか》いだよ。

里村　そんなことを言ったら、キリスト教系の学校で教えている、「イエス・キリストの処女降誕《しょじょこうたん》」や「キリストの復活」などは、全部嘘だということになります。

佐藤守護霊　うーん、まあ、それ（処女降誕）は、カエルみたいだからなあ。

里村　そういうものも「デタラメ授業」だと書くわけですか。青山学院、その他、ミッション系の学校はたくさんありますよ。

佐藤守護霊　デタラメは、いっぱいあるだろうよ。

だからね、ほんとは、補助金を出すのはおかしくて、憲法違反《いはん》なんだけど、それを堂々と出してるんだ。田中眞紀子《まきこ》が怒《おこ》るのは、よう分かるよ。それは怒って当然だよ。

小林　それには、まず、「公立の教育が、もう少しまともなものに戻《もど》る」ということが前提になります。その前段階で、公立よりもベターな教育を行っている私立学校の存在意義を見れば、現状では、そういう補助はやむをえないですよ。それに文句を言うのは筋違いだと思います。

佐藤守護霊　いや、もう一つの本心は、「税金を出すな」っていうことだよ。

里村　え？　税金ですか。

佐藤守護霊　そんなことを言ったって、税金による補助を申請《しんせい》してるんだろうが。ええ？

自分らの信者が差別されるから、信者だけを囲って教えるのは結構ですよ。だから、あなたたちは、税金を使うんじゃないよ。

小学生から「週刊新潮」を読めば、社会に有用な人材になる？

里村　そんなことはありませんよ。社会に有為な人材を輩出《はいしゅつ》しようということには、立派な公益性があるんですよ。だから、税金が使われるんです。

佐藤守護霊　何言ってるんだよ。「週刊新潮」を読み続けることで、社会に有用な人材が出るんじゃないか。

渡邊　それこそ、害毒ですよ。

里村　害毒です。〝放射能汚染〟が出てきましたね。

佐藤守護霊　もう、中学生から読ませなさい。ちゃーんと中学一年生から、しっかりと、いや、間違えた、小学生だ。小学生から、ちゃんと読ませれば、「幸福の科学学園に行こう」なんていう人は、一人もいなくなるだろう。

小林　ああ、新潮社は、よほど経営が苦しいんですね。

渡邊　本当に、当会が怖《こわ》いんですね。

7　「幸福の科学学園」へのあからさまな偏見《へんけん》

全国模試等で上位の成績を収めている幸福の科学学園

小林　幸福の科学学園には、一般《いっぱん》の方からの受験もたくさんありますから、そもそも議論の前提が違《ちが》うんです。

佐藤守護霊　どうせ、信者しか入《はい》れないんだろ?

里村　いやいや、ちゃんと試験がありますから。

佐藤守護霊　入れないような出題をしてるんだよ。どうせ、大川隆法の著書の一部を穴埋《あなう》めにして問題をつくる気だろうよ。

小林　（苦笑）あなたねえ、いいかげんにしてください。

佐藤守護霊　そんな問題を出されたら、受かるわけないじゃないか。

渡邊　違います。

小林　そういう嘘《うそ》を言わないでください。

佐藤守護霊　ええ？

小林　いいですか。高校のいろいろな全国模試の偏差値《へんさち》で、幸福の科学学園の学校平均が上位二割に入っているんですよ。

渡邊　さらに言えば、栃木県《とちぎ》の高校では、偏差値がベスト3《スリー》に入っています。中学校は、栃木県の私立のなかではトップですよ。分かっていますか。

佐藤守護霊　まあ、いいや。嘘をついてもいいよ。ああ、嘘つき放題。はい、結構ですよ。

里村　いやいや、嘘じゃないですよ。これは、ちゃんとデータで出ているんです。

佐藤守護霊　あのねえ、新潮社の入社試験を受けようと思ったらね、少なくとも、一年間は「週刊新潮」を読み続けて、新潮社の出版物を三冊ぐらいは、ずーっと読んでおかないと、まず受からないからね。だから、一緒《いっしょ》なんだよ。

小林　いや、一緒じゃないんです。

里村　学園の生徒たちのために言わせてください。われわれは、取材の過程で、きちんと、そういう部分も話しました。全国の模試の平均で……。

佐藤守護霊　ああ、言い訳ね。

里村　いや、言い訳じゃないです。きちんと話をしました。そういう「デタラメ授業」をやっていたら、そんな成績が取れますか。

佐藤守護霊　いや、そんなことはないよ。

里村　一生懸命《いっしょうけんめい》、真面目《まじめ》に勉強している……。

佐藤守護霊　オウムの幹部を見なさいよ。もう一流の秀才《しゅうさい》ばっかりだよ。灘《なだ》を卒業したり……。

里村　彼らは、そこから転落したんですよ、オウムに入って。

佐藤守護霊　いや、そんなことはない。灘の教育から……。

「嘘《うそ》の記事」で学園生たちを傷つけても平気なのか

渡邊　佐藤社長、子供たちの声を、ちょっとお耳に入れましょうか。

佐藤守護霊　うん。

渡邊　昨日、「週刊新潮」の記事を頂いたので、学園に送って子供たちに読んでもらったんです。

佐藤守護霊　おお！

渡邊　それで、どういう反応だったかというと……。

佐藤守護霊　うん。

渡邊　「ありえない」「信じられない」「ええっ？　懲罰《ちょうばつ》？　独房《どくぼう》など、ありえない」「バカげている」「デタラメだ」「失笑」「ブーイング」「他の人が、この記事を見て、信じたら困る」「自分たちは、勉強や部活を一生懸命やっているのに、こういうことを言うのはやめてほしい」「授業を実際に聞いてもいないくせに」「悲しい」「記者が、バスの後ろをついてきたのが、本当に嫌《いや》だった」「オウムと一緒にするな」など、こんな感じで、子供たちは猛《もう》反発しています。

佐藤守護霊　ふーん。

渡邊　傷ついていますよ。

佐藤守護霊　いや……。

渡邊　子供を傷つけて、平気なんですね。

佐藤守護霊　あのね。あのね、あ……。

渡邊　平気なんですね。

佐藤守護霊　あんたらね、マスコミをなめちゃいけないんだよ。

里村　ほお。

佐藤守護霊　マスコミをなめるんじゃねえ。俺《おれ》たちが、その記事を書いているのは、ちゃんと情報源があるからであってね、情報源なしでは書いていないんだよ。

里村　汚染《おせん》された情報源なんでしょ？

佐藤守護霊　いや、情報源も少数だからね、それを守らなきゃいけない。

小林　少数っていうか（苦笑）、一人か二人なんでしょ？

佐藤守護霊　それはそうだよ。半分以上もやめるわけがないだろうからさ、それは少数だよ。

小林　それで、そのことに関して申し上げますと……。

佐藤守護霊　それが特定されたら、そいつがいじめられるのは分かっておるんだから。ええ？

里村　だいたい特定はできていますけどね。

「すべて伝聞」で当事者が登場しない、典型的な捏造《ねつぞう》パターン

小林　だいぶしゃべっておられるので、ちょっと時間をお貸しください。いいですか。「独房」の記事に関しては、全部、伝聞なんです。延々と書いていますが、当事者が一人も登場していないんですよ。「こういう話を聞いた」とか、「見た人がいる」とか、全部伝聞なんですよ。

佐藤守護霊　寮《りょう》に個室があるというのは、独房じゃん。

小林　当事者の発言が一つもないんです。これは典型的な捏造《ねつぞう》のパターンですね。

佐藤守護霊　いや、もう、（学園には）ナチスのガス室だってあるかもしれねえ。

小林　あっ！　言いましたね。

佐藤守護霊　一緒だよ。あるんじゃねえか。

小林　言いましたね。その問題を軽率《けいそつ》に取り上げて、文藝春秋《ぶんげいしゅんじゅう》の「マルコポーロ」は廃刊《はいかん》になったんですけど、言いましたね。

佐藤守護霊　お風呂《ふろ》の隣《となり》には、ガス室があって……。

小林　これは、しっかり記録に録《と》らせていただき、出版させていただきますので、覚悟《かくご》してください。

佐藤守護霊　成績が偏差値五十を切ったら、ガス室で……。

小林　そこまで言いますか（笑）。

佐藤守護霊　毒ガスをかけ、それで、校長が三十分読んだ「正心法語《しょうしんほうご》」を、延々と二十四時間、頭のなかに流されるんじゃないか？　こうヘッドホンをかけて。

小林　全部嘘ですけれども。

佐藤守護霊　きっと、それが独房の実態だよ、どうせ。

里村　もう被害妄想《ひがいもうそう》の塊《かたまり》ですね。

佐藤守護霊　オウムと同じことをやっているに決まってる。だから……。

小林　ああ、社長、言っちゃいましたね。

佐藤守護霊　ヘッドホンをかけて、逃《に》げられないように狭《せま》い部屋に入れて、喜島《きじま》校長のコーランならぬ、「正心法語」の読誦《どくじゅ》を、もう……。

里村　コーランではありません。

佐藤守護霊　まあ、一週間かけられたら、発狂《はっきょう》するわな。どんな人間でも洗脳されるから。

幸福の科学は知識が「開放系」で、情報に関して洗脳しない

小林　そのことに関して、一言、申し上げますね。

佐藤守護霊　全員、洗脳されてるんだよ、もうすでに。

小林　いいですか。東大の宗教学の島薗《しまぞの》教授が、オウムと幸福の科学の違いについて、「幸福の科学は知識が開放系で、情報に関して洗脳をしない。オウムは、閉鎖《へいさ》系で閉じ込《こ》めて洗脳するけれども、幸福の科学は、自分たちの教義以外に、情報が開放系になっていて、いろいろな教養を教える。ここが、オウムとの違いだ」ということを、はっきりおっしゃっています。そのことを、一言、言っておきますね。

佐藤守護霊　島薗っていうのはね、原発に反対してるよ。だから、君らの教義を信じていないよ。

里村　別にいいじゃないですか。

渡邊　関係ないですから。

佐藤守護霊　原発に反対してるよ。

小林　島薗さんは、客観的な立場からコメントしてくださっているだけですから。

佐藤守護霊　やつはさ、『悲劇としての宗教学』（幸福の科学出版刊）の「まえがき」で、ちょっと、よいしょをかけてもらったものだから、うれしいんだろう。最近、島田《しまだ》（宗教学者の島田裕巳《ひろみ》氏）にほとんど取られていたのが、いろんなところから声がかかって、取材が増え、ちょっと出てこれるようになったから、それで……。

小林　あの、最近って言いますが……。

佐藤守護霊　感謝の心で、ちょっとはいいことを言ってるんだろうよ。そのくらいのお世辞は言うだろう、いくら東大の教授だって。

里村　いやいや。今、小林のほうから言った話は、最近のことではなくて、ずっと以前から島薗教授がおっしゃっていた話なんですよ。

小林　一九九三年ごろに、おっしゃっておられたことです。

8　背景にあるのは「嫉妬心《しっとしん》」なのか

「タレ込《こ》みがあれば、取材は要《い》らない」という、いいかげんさ

里村　ですから、今、ここが重要なポイントなんです。「週刊新潮」の内容を見ると、最近は、取材のレベルが、一流どころか、もう、二流、三流、四流になっているのではないかと思われます。

佐藤守護霊　いや、もう、取材は要《い》らないんだよ。われわれには、もう、ほんとは要らないんだ。

里村　全部そうですね。

小林　取材が要らないんですね。

佐藤守護霊　タレ込《こ》みが一名いたら、もう、それで記事は書けるのよ。

里村　「新潮」のいいかげんな取材が、どれほどひどいものか。私は、ここに先週号を持ってきています。

佐藤守護霊　週刊誌の記事は、全部、タレ込みです。はい。

里村　すみません。待ってください。聞いてください。「週刊新潮」の先週号（十一月十五日号）を私は持っているんですが……。

佐藤守護霊　もう持つな。持たないでよろしいです（会場笑）。

里村　一週間前（十一月八日）ですよ。一週間前の「週刊新潮」に、こういう記事が出ているんです。「森光子《もりみつこ》さん、元気に、今」……。

佐藤守護霊　やかましい！（会場笑）

里村　「トレーニングに励《はげ》んでいます」。

料金受取人払郵便

赤坂支店
承　認

5196

差出有効期間
平成26年5月
5日まで
(切手不要)

1078790
112

東京都港区赤坂2丁目10−14
幸福の科学出版(株)
愛読者アンケート係 行

フリガナ お名前	男・女	歳
ご住所　〒　　都道府県		
お電話 (　　　　) 　—		
e-mail アドレス		
ご職業	①会社員 ②会社役員 ③経営者 ④公務員 ⑤教員・研究者 ⑥自営業 ⑦主婦 ⑧学生 ⑨パート・アルバイト ⑩他 (　　　)	

ご記入いただきました個人情報については、同意なく他の目的で
使用することはございません。ご協力ありがとうございました。

愛読者プレゼント☆アンケート

『人間失格―新潮社 佐藤隆信社長・破滅への暴走』のご購読ありがとうございました。今後の参考とさせていただきますので、下記の質問にお答えください。抽選で幸福の科学出版の書籍・雑誌をプレゼント致します。(発表は発送をもってかえさせていただきます)

1 本書をどのようにお知りになりましたか。

①新聞広告を見て [朝日・読売・毎日・日経・産経・東京・中日・その他 (　　　　　)]
②その他の広告を見て (　　　　　　　　　　)
③書店で見て　④人に勧められて　⑤月刊「ザ・リバティ」を見て
⑥月刊「アー・ユー・ハッピー?」を見て　⑦幸福の科学の小冊子を見て
⑧ラジオ番組「天使のモーニングコール」「元気出せ！ ニッポン」を聴いて
⑨BSTV番組「未来ビジョン」を視て
⑩幸福の科学出版のホームページを見て　⑪その他 (　　　　　　)

2 本書をお求めの理由は何ですか。

①書名にひかれて　②表紙デザインが気に入った　③内容に興味を持った
④幸福の科学の書籍に興味がある　★お持ちの冊数＿＿＿＿冊

3 本書をどちらで購入されましたか。

①書店 (書店名　　　　　　　) ②インターネット (サイト名　　　　　　)
③その他 (　　　　　　)

4 本書へのご意見・ご感想、また今後読みたいテーマを教えてください。

(なお、ご感想を匿名にて広告等に掲載させていただくことがございます)

5 今後、弊社発行のメールマガジンをお送りしてもよろしいですか。

はい (e-mailアドレス　　　　　　　　　　) ・ いいえ

6 今後、読者モニターとして、お電話等でご意見をお伺いしてもよろしいですか。(謝礼として、図書カード等をお送り致します)

はい ・ いいえ

弊社より新刊情報、DMを送らせていただきます。
新刊情報、DMを希望されない方は下記にチェックをお願いします。

DMを希望しない □

佐藤守護霊　やかましい！　やかましい！

里村　ちゃんと、よーく聞いてください。「病院関係者は、こう語る。病室で、今、森光子さんは、スクワットを百五十回ぐらいこなすことがありますよ」（会場笑）と。この翌々日に、森光子さんは亡《な》くなっているんです。

小林　スクワットって、どんなものか知っていますか。

渡邊　ものすごい誤報ですね。

里村　これは病院関係者のコメントなんですか。

佐藤守護霊　酒井《さかい》編集長はねえ……。

里村　これについては、たぶん、日本では、まだ誰《だれ》も指摘《してき》していないと思います。

佐藤守護霊　酒井編集長は、もう責任を取って、専務に「昇格《しょうかく》」だ。

里村　とんでもないことだと思いますよ。

渡邊　「昇格」なんですよね。

里村　すごいですね。

佐藤守護霊　うん。

里村　私も、この記事を見て、「そうか。森さんは元気なのか」と思っていたんですよ。そうしたら、二日後の十日に亡くなったわけです。

渡邊　九十歳《さい》を超《こ》えたおばあちゃんが、「百五十回のスクワット」ですよ。

里村　普通《ふつう》は、この段階で、「本当かな？」と思いますよ。

佐藤守護霊　週刊誌はね、「逆張《ぎゃくば》り」をするんだよ。

小林　「逆張り」ってね（苦笑）。九十二歳のおばあちゃんが、筋トレのスクワットを百五十回もするもんですか。

佐藤守護霊　国民の期待を担《にな》っているんだ。「元気で頑張《がんば》ってもらいたいなあ」という、国民の熱意みたいなものを受けて立ち、「そういうふうになってほしい」という願い、祈《いの》りを込めて、宗教の代わりに書いているんだよ。

「週刊新潮」の編集方針は社長から出ている？

里村　ということは、先ほどおっしゃったように、「取材なんかどうでもいいんだ」ということですね。記事の信憑《しんぴょう》性については……。

佐藤守護霊　いやあ、週刊誌はねえ、期限は一週間なんだよ。だから、〝信仰《しんこう》〟も一週間でいいんだよ。一週間の〝信仰〟でいいんだ。

里村　ところが、読者のなかには、私のように、一週間を超えても覚えている者がいるんですよ。

佐藤守護霊　そんなもの、持ってたらいけない。捨てなきゃいけないんだ。君たちの本と一緒《いっしょ》で、捨てなきゃいけない。

里村　いいえ。きちんと活字になっているものなんですよ。捨てるとか、そういうものではないんです。

佐藤守護霊　こんなものは、お焚《た》き上げをしなきゃいけない。

里村　そういうものではないんです。

佐藤守護霊　ええ?

里村　改めて訊《き》きますが、そういう方針が、つまり……。

佐藤守護霊　いやいや、君ら、いやらしいな。「悪魔《あくま》の放射汚染《おせん》」を感じるよ。

里村　違《ちが》います。要するに、社長から、そういう方針が出ているわけですか。

佐藤守護霊　出てない、出てない。私はね……。

小林　でも、今日のインタビューで、「ほかの週刊誌よりも、社長の方針が明確に編集部に通っている」ということがよく分かりましたし、なぜ、損害賠償請求《ばいしょうせいきゅう》をするときに、社長を当事者にしているのかが、今日、よく分かりました。

佐藤守護霊　個人企業《きぎょう》だから、そんなのはしょうがないよ。編集長なんて、ただの番頭だもの。

本心では「幸福の科学を葬《ほうむ》りたい」と思っている

渡邊　今年に入ってから、幸福の科学についての記事を八回も掲載《けいさい》していますし、取材を含《ふく》めると、十回以上になります。毎月一回、本当に「マンスリー新潮」ですよね。

佐藤守護霊　いや、それはね、もう、幸福の科学を応援《おうえん》したくて、応援したくて、気持ちが溢《あふ》れんばかりなんだよ。

森光子さんを応援したら、すぐポタッと死んだだろう？　だから、あなたがたも、応援すると、ポタッといくからさあ。その気になって、こう……。

里村　今、ちょっと本心が出ましたね。

佐藤守護霊　こう、いい気持ちになって、天下を取る気になって、こう、グーッていってしまったら、もうすぐ破産するからさ。

里村　今、ちょっと、本心がポロッと出た感じがしたんですけど、もともとの名前（過去世《かこぜ》）は何て言う方なんですか。

佐藤守護霊　その話は、面白《おもしろ》くないから、もう、やめようや。

里村　いやいや。

佐藤守護霊　トクマなんて、なんで都知事に出したんだ？　それを訊きたい。尋問《じんもん》したいから。

里村　いいです、いいです。

佐藤守護霊　次の記事だから、そいつの……。

里村　取材に来たら、いくらでも答えますよ。

渡邉　もうすでに、一回、書かれていますよ、先々月。

佐藤守護霊　トクマと、次の衆院選で、立木《ついき》（党首）以下、全員、「四十七士《しじゅうしちし》」になるんだろう？　みんな〝討《う》ち死に〟して、腹を切るんだよね。あとは、これを記事にしなきゃいけない。もう記事の用意に入っているからね。

佐藤社長の心のなかにある「大川隆法に対する嫉妬心《しっとしん》」

里村　今年に入ってからの異常な記事の数を見ると、はっきり言って、社長個人に、大川総裁に対する思いが何かありませんか。

佐藤守護霊　いや、ぜーんぜんないね。

里村　同じ一九五六年生まれですし。

佐藤守護霊　まあ、ここも個人経営みたいなもんだからさあ。全員〝討ち死に〟したら、立木は、たぶん昇格して、次は理事長になるんだろう。

小林　酒井編集長が、前回のインタビューのときに、「もし、大川隆法氏が『週刊新潮』の社長になったら、社員は、今の三百人から二千人に増えるだろう」と言っていました（前掲《ぜんけい》『徹底霊査《てっていれいさ》「週刊新潮」編集長・悪魔の放射汚染《おせん》』参照）。

佐藤守護霊　それは嘘だ。それは、わしに対する敵対行為《こうい》だ。

小林　「二千人に増える」と。

里村　そう言っていたんですよ。

佐藤守護霊　いや、それは嘘だ。ほんとは、わしに対して不満があるのを、大川隆法に託《たく》して言ってるんだ。

小林　「大川隆法氏には、二千人の社員を食べさせる能力があるけれども、残念ながら、うちの社長にはない」と言っていました。

佐藤守護霊　いや、それは嘘、嘘、嘘。あのねえ、それは、「社長が記事を書いてみろ」って言っとるんだよ。「社長がスクープ記事を書いてみろ」って言ってるわけよ。いつも怒《おこ》られてるからさ、「そんなに言うんだったら、じゃあ、あなたがスクープ記事を書いてみろ」って言ってるんだよ。

ほんとは、それを言いたいんだけど、それを言ったらサラリーマンとしてはクビが危なくなるから、「大川隆法だったら……」って言って、おまえらを敵に回すように、俺《おれ》をわざとけしかけて、自分たちのほうに責任がかからないようにしている。あいつは知能犯だわ。うん。

小林　つまり、本当は、大川総裁に嫉妬《しっと》しているんでしょう？

佐藤守護霊　そうです。はい（会場笑）。

あのね、それはねえ、一般《いっぱん》的な常識でしょう。当ったり前じゃないですか。出版業界でねえ、今、嫉妬していない人なんか、いたら連れてきてくださいよ。私、会ってインタビューするから。嫉妬していない人が、どこにいますか。

ああいう、村上春樹《むらかみはるき》だって、大江健三郎《おおえけんざぶろう》だって、みんな嫉妬してるんだからね。

小林　ええ。それは知っていますが……。

佐藤守護霊　だからねえ、われわれのように、本を書いたって、自分の名前で出せない人間が、嫉妬しないわけがないでしょう！　そんなの、当たり前だよ。

小林　それは知っていますけれども、一九五六年生まれの佐藤社長は、他のマスコミの方々に比べて、とりわけ大川隆法総裁に嫉妬されていますでしょう？

佐藤守護霊　俺の名前はねえ、隆信《りゅうしん》とも読めるんだよな。

里村　そうですねえ。

佐藤守護霊　「佐藤隆法《さとうりゅうほう》」に名前を変えたら、売れるようになるかなあ。

里村　うーん。

佐藤守護霊　教祖としてなあ。

里村　それより、大川隆法総裁に帰依《きえ》したらどうですか。

佐藤守護霊　いや、すでに〝新潮教〟があるのに、何を言ってるんですか、失礼な。

小林　要するに、一連の記事の本当の動機は、そこにあるわけですね。

佐藤守護霊　いや、ほんとの動機は、そんなところにはないよ。その動機は、ほかのところにも、全社にあるわけだから、うちだけが、そうならなきゃいけない理由は特にない。

作家たちから「出版社の売り方が悪い」と責められ、迷惑《めいわく》している

里村　どういう部分に嫉妬されているのですか。

佐藤守護霊　うーん。まあ、本を書きすぎるわなあ。ちょっと遠慮《えんりょ》してくれないかなあ。年に二冊までなら我慢《がまん》してやる。

里村　「点数が多い」というわけですね。

佐藤守護霊　二冊までなら我慢してやる。

小林　その一言を、誰に言わされているのでしょうか。それは誰かの意見でしょう？「大川隆法氏の本の発刊点数を、そんなに増やされては困る」という……。

佐藤守護霊　いや、あのねえ、出版業界の常識を勝手に破るんじゃないよ。やっぱり、

われわれにはねえ、常識ってのがあるんだ。大川隆法のおかげで、いわゆるベストセラー作家と言われていた人たちが、今、どれだけ苦しい思いをしているか、分かってるのか?

小林　それはやむをえないですよ。

佐藤守護霊　彼らはねえ、当然ながら、「自分たちの筆力がないからだ」とは思いたくないんだよね。だから、「これは出版社の違いだ」と見て、「幸福の科学出版っていうのは、信者を洗脳して、これだけ本を買わせられるんだ。だから、新潮社だって、もっとちゃんと洗脳して固定読者を取れば、もっと本は売れるんだ。おまえらの販売《はんばい》の仕方が悪いから、こういうふうになるんだ」と考えるわけだよ。

小林　「販売力および企画力がない」ということを責められているわけですね。

佐藤守護霊　こういうことを言われるので、迷惑《めいわく》してるんだよ。君たちは、業界に対する「悪魔の放射汚染」なんだよ。

小林　それは、客観的に見て、「努力と研鑽《けんさん》が足りなかった」ということでしょう。つまり、業界が保護されていて、努力と研鑽が足りなかったのであって、そのカルマを、今、刈《か》り取っているわけですね。

新潮社は「個人商店」として、間口《まぐち》に見合った商売をすべきだ

佐藤守護霊　それと、もう一つはね。あんたは、「新潮社は公人だの何だの」と、ぐじゃぐじゃ言ってるが、こんなの、個人企業ですよ。ただの個人商店ですよ。だから……。

小林　それなら、それに見合ったレベルの発言にしてください。

佐藤守護霊　幸福の科学だって、「大川隆法の本を、千冊も出してる」っていうのは、もう、ほとんど個人商店じゃないか。だから、一緒じゃないの。

里村　個人商店なら個人商店なりの……。

佐藤守護霊　個人商店同士の、「米屋」対「肉屋」の戦いなんだからさあ。ええ？

小林　幸福の科学が個人商店だったら、学園などはつくれないですよ。

佐藤守護霊　ああ、そうか。まあ、そういうことになるなあ。

里村　そうでしょう？　だから、個人商店なら個人商店なりの間口《まぐち》の商売の仕方でやったほうがいいと思います。天下国家のことは論じられませんよ。

佐藤守護霊　だいたいだなあ、ほんとに、君らねえ、出版社が映画を二本もつくって生意気なんだよ（二〇一二年、映画「ファイナル・ジャッジメント」「神秘の法」〔共に製作総指揮・大川隆法〕を公開）。

里村　なんか、本当に悔《くや》しいみたいですね、一年に二本つくったのが。

佐藤守護霊　あんな、ちっこい、ちっこい出版社がさあ、何？　ほんとにまあ、ええ？

里村　今年、二本つくったのも悔しいけれど、さらにその上に、映画の内容を批判できませんでしたよね。

佐藤守護霊　うちだってねえ、二本ぐらいつくりたいけど、それをやったら、俺のクビが飛んでるわ。
渡邊　しかも、取材に来られたんですよね。
里村　一回ね。
佐藤守護霊　ええ、まあ……。
渡邊　取材して情報を仕込んだのに、「やっぱりやめます」って言ってきました。
佐藤守護霊　いや、酒井編集長は賢《かしこ》いと思うよ。これ（『徹底霊査「週刊新潮」編集長・悪魔の放射汚染』）に、なんか書いてあるじゃないの。「もし、映画（ファイナル・ジャッジメント）が当たってたら困るので、いちおう、記事を書くのはやめた」と言ってるけど、当たったなあ、ほんとに。
里村　当たりました。公開後、尖閣《せんかく》等の問題をめぐり、中国の覇権《はけん》主義化がいっそう露骨《ろこつ》になっています。
佐藤守護霊　やっぱり、これ、編集長として勘《かん》はいいなあ。当たったなあ。

里村　ええ。

佐藤守護霊　まあ、いい、まあ……。

9 迫《せま》り来る「週刊新潮」廃刊《はいかん》の足音

理系出身の佐藤社長が持つ「コンプレックス」とは

渡邉　「週刊新潮」は、これまでに、幸福の科学学園や幸福の科学大学の記事を三回書いていますが、やはり、当会の教育事業が気になるのですか。

佐藤守護霊　うーん。ちょっとコンプレックスがあるなあ。それは、あるなあ。いやあ、客観的に、栃木《とちぎ》県の私学連《しがくれん》とかにも、ちょっと取材してるけど、いちおう、みんな怖《こわ》がっているんだ。「幸福の科学学園はちょっと怖い」という感じは受けてるんだよ。甲子園《こうしえん》に突如《とつじょ》出てきて勝ち続けるような学校が、たまにあるじゃないの？　突如、名門校が出てきてさあ、名監督《めいかんとく》が出てきてさあ、毎年、やたらと甲子園に出てくるのがあるじゃない。「あんな感じになるんじゃないかなあ」みたいな感じの……。

小林　学業の面でも、そういう学校がありますね。

佐藤守護霊　そうそう。それが、ちょっと怖いんだよ。

里村　でも、栃木県の、ほかの学校の方とは仲良くやっていますよ。

佐藤守護霊　いや、まあ、いちおうさあ……。

里村　社長は今、「コンプレックス」と言われましたが、もしかして、佐藤家に生まれて、東京理科大学の電気工学科に行かれたことが……。

佐藤守護霊　おまえに言われたくない。

里村　要するに、理系ということですから。

佐藤守護霊　いや、おまえに言われたくないわ。クソッ！　言っとくけどなあ、東京理科大の電気工学科だけど、私だって、どっかの、おんぼろ私大の文学部ぐらい、入ろうと思ったら、入れるんだからさあ、そんなにバカにするんじゃねえよ。

小林　佐藤家で何かあったのですか。

佐藤守護霊　何かあったかって？　君ぃ、何ていう言い方をするんだ。

小林　あなたは公人ですから。

佐藤守護霊　そらあ、私の頭が、理数系に天才的な能力があったという、ただ、それだけのことだよ。

里村　裏を返すと、社長は、佐藤家で、「文学系に適性がないのではないか」と言われていたのではありませんか。

佐藤守護霊　いや、そーんなことはない。

やっぱり、これからの出版業には、合理的な論理的思考も重要だから、「新潮社をおっきな会社にするためには、合理的思考が必要で、そのためには、電子機器が使えて、コンピュータも使えるような人間も要《い》るだろう。一万人ぐらいの会社にまで合理的に発展させるためには、そういう人間も必要であろう」という考えの下《もと》に、今……。

渡邊　その結果、新潮社の売り上げは三分の二に減っています。これで、合理的と言えるのでしょうか。

佐藤守護霊　だから、その売り上げを幸福の科学さんで回復させようと、今、頑張《がんば》ってるじゃないか。これから年末にかけて連続追及《ついきゅう》したら、部数がグーッと伸《の》びて、最後には売り上げもグーッと……。

幸福の科学の信者に「週刊新潮」を買い占《し》めてほしいのか

里村　前回、酒井《さかい》編集長の守護霊は、「創価学会《そうかがっかい》なら、『週刊新潮』を全部買い占《し》めてくれる」と言っていましたが、当会の場合は、本当に論戦をしますから。

佐藤守護霊　おまえんところはなあ……。（机上《きじょう》の「週刊新潮」を手に取って）今日は、たまたま一冊、買ってくれたのか。ありがとう。

里村　はい、買いました。

佐藤守護霊　三百七十円が入った。ありがとう。

里村　しかたがないです。

佐藤守護霊　ありがたい〝お布施《ふせ》〟だと思うけど、しかし、総裁にコピーで報告するなよ。ちゃんと現物を買って、持っていけよ。おい（会場笑）。

里村　よくご存じですね。

佐藤守護霊　白黒のコピーを回すんじゃないよ。

里村　しかし、まだ現物が刷られていませんでしたから、しかたがありません。

佐藤守護霊　あのねえ、実物とコピーでは、イメージがだいぶ違《ちが》うんだよ。コピーだと、写真とかの印象が悪くなるから、やっぱり、本物感覚っていうのが大事なの。宗教でもね。

里村　現物が手に入る前に動いているので、しかたがないのです。

佐藤守護霊　学園生が一千人いるのかどうか知らんけど。何？　五百人か。

里村　買いません。

佐藤守護霊　全員に、実物を持って帰らせて、〝独房《どくぼう》〟でしっかりと辞書を引きながら、一字一字、ちゃんと調べて読ませろよ。ねえ？

渡邊　独房はありません。

里村　そういう幸福の科学の記事を書いても、むしろ、「週刊新潮」の評判が落ちるだけで、部数は伸びませんよ。

「幸福の科学学園も幸福実現党も潰《つぶ》したい」というのが本音

佐藤守護霊　「文科省も県もお手上げ！　子供に嘘《うそ》を刷りこむデタラメ授業！」。今どき、こんなことが言える週刊誌があるって、素晴《すば》らしいね。日本はいい国だねえ。

小林　なぜ、「お手上げ」という表現を取らざるをえなかったかというと、文科省は、「真理を、公権力の側から一方的に決めつけられない。特に宗教に対しては、憲法上、それを決めつけてはならない」ということを知っているからですよ。いいですか。

佐藤守護霊　ちゃうちゃう、ちゃうちゃう。全然違う。全然違う。

あの財務省や日銀をめった斬《ぎ》りにする幸福の科学に、文科省が手を出せるはずがないよな。だから、私は文科省を応援《おうえん》してるんだよ。今、田中眞紀子《まきこ》は不利な立場にあるから、応援してるんだ。

里村　違います。法律に則《のっと》ってきちんと学校を運営しているので、そもそも、手を出す必要がないのです。何が、「お手上げ」ですか。

佐藤守護霊　田中眞紀子が、せっかく今、「悪い学校を、粗悪品《そあくひん》を取り潰《つぶ》そう」という〝善なる思い〟で動き始めたのに、すぐに引きずり下ろされようとしてるじゃないか。私たちはへそが曲がってるから、こういうときこそ、応援したくなるわけよ。

里村　確かに、へそ曲がりだと思います。

佐藤守護霊　あれだったら、幸福の科学学園を潰そうとするかもしれないじゃないか。

里村　ありません。独房はないのです！　「独房がある」という話をつくり上げて、記事を書いているだけではありませんか。

佐藤守護霊　「独房がある。これは大変なことだ。人権無視だ」と。そういう独房記事で、ついでに政党も潰せるでしょ？

渡邊　やはり、政治のところも気になるわけですね？

佐藤守護霊　ナチス、ナチス。

小林　また言った（苦笑）。

佐藤守護霊　ナチス。そして、オウム真理教。幸福の科学。こう並んだら、政治も、学校も、みんな、潰せるよ。

小林　迫《せま》り来る「週刊新潮」廃刊《はいかん》の足音。「マルコポーロ」廃刊という、文藝春秋《ぶんげいしゅんじゅう》の悪夢がよみがえる……。

佐藤守護霊　おのれ！　言うたなあ？　通産省なんか、とっくに潰れてるくせに（注。質問者の小林は、以前、通産省〔現・経済産業省〕に勤めていた）。

10 「幸福の科学学園の英語教育」を認めるか

当会の英語テキストを読んだ感想は「難しすぎる」

渡邊　「週刊新潮」には、もう一つ、危ないことがあります。先般《せんぱん》、記事に、「幸福の科学は、BBC《ビービーシー》から『カルトだ』と言われている」ということを書いていましたが、BBCは、そんなことなど言っていないのです。

佐藤守護霊　ふーん。

渡邊　もしかして、国際部門で発展しているのも、気に入らないのですか。

佐藤守護霊　まあ、新潮社には、実は英語の分かる人がいないんだよ。試験したって、できる人がいないからね。

小林　あの記事はひどかったですね。それに関して、一言、言いたいのですが、今回の記事のなかに、「英語の副教材として、大川総裁編著のテキストを使っているから、個人崇拝《すうはい》だ」というようなことが書いてありましたけれども……。

佐藤守護霊　そうだ。絶対、個人崇拝だ。

里村　違《ちが》うんですよ。

小林　あなたの「論理的思考」なるものを検証させていただきたいのですが、高校卒業程度・大学入試レベルの英単語は約五千語です。よくできる英語教師の英単語のレベルは一万語前後です。それから、いわゆるカリスマと言われる高校教師でも二万語です。アメリカ人のネイティブの語彙《ごい》が五万語で、大学院に行くなら七万語要《い》ります。

ところが、大川隆法総裁の語彙は、「タイム」誌や「ニューズウィーク」誌を読める、アメリカのトップクラスのインテリのレベル、つまり十万語を超《こ》えているんですよ。

そういう方がつくったテキストの評判がすごいのは、当たり前の話ですよ。

もし、あなたに、受験期の娘《むすめ》さんなり息子《むすこ》さんがいらっしゃるなら、大学受験用の参考書として一冊進呈《しんてい》します。「よく当たるなあ！」と感動しますから。
だから、そういうことをもって、「個人崇拝」という非論理的なことを言うのは、恥《は》ずかしいことだと思いますよ。

佐藤守護霊　いやあ、君ねえ、俺《おれ》にもちょっと言わせてくれよ。

小林　どうぞ、どうぞ。

佐藤守護霊　フェアでないよ。あとで時間を計って、フェアでないところは削《けず》れ。君たちのほうを削れ。

あのねえ、ちょっと言わしてもらうよ。俺たちだって、おまえんところの英語教材を、全部は無理だけど、一部は手に入れて見てるよ。編集員も見てる。でも、難しすぎる。あんな難しいものが、中学生や高校生にできるわけがないんだよ。

大学を卒業してる「週刊新潮」の編集者が読んで、全然分からない単語ばっかり並んでるんだよ。こんなの子供にやらしたら、児童虐待《ぎゃくたい》だよ！（会場笑）こんなの許せないよ。

宗教をもってして、「週刊新潮」のインテリたちが知らないような英単語を、中学生や高校生に教えるなんてね、そういう〝暴力的行為《こうい》〟は断じて許せない。田中眞紀子《まきこ》だって留学してることになってるけど、おたくの英単語集なんか、絶対に分からないから。

小林　それが、「ゆとり教育」の弊害《へいがい》なんですよ。

佐藤守護霊　え？　そうか。

里村　そうです。

小林　それで、韓国《かんこく》のサムスンなどの営業マンに、日本の語学力の低い営業マンが負けています。これが、日本の国力が落ちていることの原因の一つなのです。

佐藤守護霊　だけど、単なる独善かもしれないじゃないか。

里村　学園の生徒が、「大川総裁のつくったテキストを学びたい」「ほかの参考書では生ぬるい」と言っているんですよ。

佐藤守護霊　うーん。それは信じがたいな。にわかには信じられない。

「幸福の科学学園の実績」をあくまで認めない佐藤社長守護霊

小林　実際に、学園では、高校二年生で、大学卒業レベルの英検準一級に合格する生徒が続々と出ています。また、中学三年生や二年生でも、高校卒業レベルの英検二級とか、準二級とかに合格する生徒が続々と出ているんですよ。つまり、適切な教育を施《ほどこ》せば、日本人の英語力も伸《の》びるのです。それを証明しているわけです。

佐藤守護霊　だけど、宗教だから、嘘《うそ》かもしれないじゃないか。

里村　いいえ、違います。

佐藤守護霊　宗教だから、嘘だよ。

里村　今週開催《かいさい》された栃木《とちぎ》県の英語スピーチコンテストで、学園生二名が優秀《ゆうしゅう》賞を取っています。一昨日《おととい》の下野《しもつけ》新聞には、入賞した生徒の名前と学校名がきちんと載《の》っていましたよ。

小林　二人とも第二位の優秀賞ですよ。

佐藤守護霊　うーん、ちょっとおかしい。

里村　これは客観的に評価された結果です。

小林　それを「おかしい」と言うのなら、栃木県に文句を言ってください。

佐藤守護霊　いやね、宗教の学校だからさ、もし学校を英検の試験会場に使ってるなら、前の日ぐらいに、試験問題や解答が届いてるかもしれないだろう。それで、先生が、前の日に模擬《もぎ》問題を出し、「これはマル。これはバツ。これはアだ。これはAだから、覚えとけよ」と言っといて、翌日受けたら、全員合格するんじゃないか。

それをやってる可能性があるなあ。

小林　とうとう、そこまで言いますか。普段《ふだん》、「週刊新潮」がどれだけ捏造《ねつぞう》しているか、よく分かる一言ですね。

里村　社長、もう低レベルの揣摩憶測《しまおくそく》はやめましょう。

佐藤守護霊　たとえ教員資格を持っていたとしても、信者になった時点で、ほんとは失格なんだよ。その教員資格は取り上げないといけない。

小林　今の一言について、ちょっといいですか。

佐藤守護霊　え？

小林　「信者になった時点で、その教員資格は失格だ」とおっしゃいましたね？　これは決定的な失言です。

佐藤守護霊　公教育の教員であっても、幸福の科学の信者になったところで、資格を一回剝奪《はくだつ》しないと、危ない可能性がある。つまり、もう、真理を教えられないというか、真実を教えられない。

11 「創価学会《そうかがっかい》」に対するスタンス

創価学会の記事について謝罪をした佐藤社長

小林　あなたは、同じことを創価《そうか》学園に要求しましたか。それから、ミッション系のいろいろな進学校にも要求しましたか。

佐藤守護霊　創価学園はね、君ぃ……。

小林　日本の私立校は宗教系がメジャーです。今の発言は、そこに対して全面戦争を仕掛《しか》けたことになりますよ。

しかも、今の発言内容は、はっきり言って、憲法違反《いはん》です。

佐藤守護霊　創価学園には、信者以外は行かないし、信者以外の者が行ったら信者にされるのは、みんな知ってるよ。八王子《はちおうじ》の人間には、それを知ってて、しかたなく行ってるやつもいるけどさ。

里村　今日は、創価学会について、とやかく言いませんが、今から十年ぐらい前、佐藤社長は、作家の宮本輝《みやもとてる》氏に対し、「『週刊新潮』の創価学会の記事は遺憾《いかん》だった」と言って、謝《あやま》っています。当時、これは新潮社で大問題になりました。

佐藤守護霊　君ぃ、古いことをよく出してくるなあ。

里村　いやいや、私も忘れられないんですよ。「すごい事件だな」と思って。

佐藤守護霊　週刊誌は、書いたことを、みんな一週間で忘れるんです。

里村　「週刊新潮」の編集部が引っ繰《く》り返った事件ですよ。自分たちの会社の社長が、「創価学会系の」と言うと失礼かもしれませんが、その作家に、「記事は遺憾だった」と謝ったため、編集部のほうは、慌《あわ》てて、「あれは謝ったのではない」という記事を書いたのです。

「社長本人には文学的素養が大してない」と思わず本音をもらす

佐藤守護霊　あれはね、俺《おれ》が言っちゃいけないけど、社長（本人）には文学的素養が大してないからね。あっ、いや、人を使う能力があるからさ。

小林　やはり、文学的素養の部分がコンプレックスですか。

佐藤守護霊　あのねえ、創価学会に対しては、あんたがた以上に、数多く攻撃《こうげき》をやってきているから……。

里村　今は、創価学会ではなく、社長のコンプレックスの話をしているのです。

佐藤守護霊　コンプレックスの話？　なんで、わしのコンプレックスを追及《ついきゅう》されなければいけないんだ。そんなの記事にならない。記事にならない。

小林　文学的素養のところが、やはり……。

佐藤守護霊　いやいや。新潮と言やあ、クオリティのすっごく高いものが要求されるんだから、そんなことはない。
ただ、大川隆法の今の金の儲《もう》け方は、「芥川龍之介《あくたがわりゅうのすけ》だろうが、夏目漱石《なつめそうせき》だろうが、みんな嫉妬《しっと》するだろう」と言われるぐらい、激しすぎるんだよ。

里村　大川総裁は印税を受け取られていません。すべて寄付されています。

佐藤守護霊　取ってなくても、荒稼《あらかせ》ぎが、ちょっとすごすぎるわ。

里村　いや、荒稼ぎではありません。

佐藤守護霊　ちょっとやりすぎですよ。自制心っていうものがないのか。

里村　こちらとしては、社長に、どんどん言っていただくのはいいんですけれども、本当に、ご発言には気をつけられたほうがいいと思います。先日、「週刊朝日」編集長の守護霊に来ていただき、霊言《れいげん》を録《と》りましたが、そのあと、社長辞任まで行きましたからね。

佐藤守護霊　君ぃ、脅《おど》すなあ。

里村　いや、脅しているわけではありません。

佐藤守護霊　あのね、脅迫罪《きょうはくざい》っていうものを知ってるか。え？

里村　脅しているわけではございません。われわれは、真剣《しんけん》な話を聴《き》きたいと思っているのです。

佐藤守護霊　監禁《かんきん》だ！　今、私は監禁されている。監禁罪も適用されるわけだ。

12 霊界《れいかい》での「交友関係」について

いちおう「幸福の科学の本」を読んでいる佐藤社長

里村　先ほど、あなたは、「自分が守護霊だというのは知っている」とおっしゃいましたが。

佐藤守護霊　分かってるよ。おまえらの本、あんだけ読んだら、誰《だれ》だって分からあ。

里村　かなり読んでいらっしゃるんですね。

佐藤守護霊　しょうがないじゃない！　俺《おれ》たちだって記事を書かなきゃいけないから、読むぐらいは読むさ。みんな、山のようにある本を読んでるよ。おたくの信者より、よく読んでるよ。おたくの信者なんて、ろくに読んでないだろう？　うちは記事を書く以上、良心的に読んでるよ。それは職業だから。

渡邊　当方がお届けしている本も読んでいらっしゃいますか。

佐藤守護霊　え？

渡邊　広報が社長宛《あ》てに持っていった本は、社長のところに届いていますか。

佐藤守護霊　それは知らんけども、とにかく、読んでる人はいっぱいいるよ。まあ、俺は、ずばり読んでるとは言わないけど、いちおう報告は受けてる。

里村　それで、守護霊さんにも知識が入っているわけですね。

新潮の悪魔《あくま》と思われる「齋藤十一《さいとうじゅういち》」との関係について訊《き》く

里村　では、お伺《うかが》いします。霊界《れいかい》で、あなたが相談している相手は、どなたですか。

佐藤守護霊　そ、相談？

里村　社長の守護霊が、霊界で、相談する相手、あるいは、あなたにアドバイスしてくる霊人《れいじん》は、誰ですか。

佐藤守護霊　うーん……、まあ、それはねえ……、わしほどになったら、もう、相談する相手はいないね。

里村　今、答えるのに、すごく悩《なや》んでいましたね。

佐藤守護霊　ほとんど独断だね。

里村　表情を見ると、今、すごく悩んでいましたけど。

佐藤守護霊　ええ？　まあ……。いや、この世でみんな仕事をしてるから、この世的に、ちゃんと民主主義的に話し合ってるよ。

里村　齋藤十一《さいとうじゅういち》さんについては、どう思われますか（注。新潮社の元大物編集長。以前、「新潮の悪魔《あくま》」を名乗る霊の霊言《れいげん》を収録したが、その正体と思われる。『「週刊新潮」に巣くう悪魔の研究』参照）。

佐藤守護霊　また来たか（舌打ち）。今の人は、そんなことなど知らないから、そういう古い話はやめようよ。「吉永小百合《よしながさゆり》が、死んでから、お化《ば》けになって、生まれ変わった」みたいな話はやめよう。

里村　いやいや、吉永小百合さんはまだ生きておられます。亡《な》くなったのは森光子《もりみつこ》さんのほうです。

佐藤守護霊　あ、そうか。なるほど。

里村　齋藤十一さんとかと相談されているのでしょうか。あるいは、齋藤十一さんが、別な人を連れてくるのでしょうか。

佐藤守護霊　うーん……。なんか嫌《いや》な感じがするなあ。もう、死んだ人は死んだ人なんだよ。

里村　死んでも、霊界にはいるでしょう？

佐藤守護霊　あ、そうか。そうだよな。そうだったな。霊界にはいるか。そりゃそうだったな。しかしだね、給料は払《はら》ってないから、別に意見を聞く必要はないよなあ。

松本清張霊《まつもとせいちょうれい》からは「相手にされていない」

里村　霊界《れいかい》では、例えば、松本清張《まつもとせいちょう》さんなどと同じような世界にいらっしゃるのですか（『地獄《じごく》の条件――松本清張・霊界の深層海流』〔幸福の科学出版刊〕）。

佐藤守護霊　まあ、俺は相手にされていないな。

里村　ああ、そうですか。文学的素養の部分が……。

佐藤守護霊　いやいや、俺はちょっと若すぎるからさあ。清張さんに比べると若すぎるから、ちょっと相手にされていないよな。もうちょっと古くないと……。

里村　そうすると、「霊界のサロンに、いちおう行くことがあるけれども、相手にされない」ということでしょうか。

佐藤守護霊　まだ、ちょっと若いんでなあ。古手のやつは、ちょっと苦手《にがて》だな。現代の作家ぐらいまでしか届かないのでね。

13 佐藤社長の転生《てんしょう》を探《さぐ》る

新潮の悪魔《あくま》のことを「悪魔様」と呼ぶ佐藤社長守護霊

里村　「新潮の悪魔《あくま》」がですね、社長も含《ふく》めて……。

佐藤守護霊　そう言い切るなよ。

里村　いやいや、自分から、「新潮の悪魔」と名乗ったんですよ。

佐藤守護霊　「悪魔様」と言いなさい。

里村　以前、「新潮の悪魔」と名乗る霊《れい》を呼んだとき、「自分は、イエスが十字架《じゅうじか》に磔《はりつけ》になった時代にもいたし、そのとき、現社長も当然いただろう」というように語っていたんですけれども、あなたも、イエスの時代にいたのですか（前掲《ぜんけい》『「週刊新潮」

に巣くう悪魔の研究』参照)。

佐藤守護霊　そんなの嘘《うそ》に決まってるじゃないの。週刊誌が、宗教に縁《えん》があるわけないでしょ？　嘘だよ。嘘だよ。

里村　では、なぜ、幸福の科学のことをそんなに書くのですか。当会に嫉妬《しっと》しているのは分かりますけど。

佐藤守護霊　いや、幸福の科学は、そんなに大して書いてないでしょ？　創価学会《そうかがっかい》の記事の本数のほうが、よっぽど多いよ。

転生輪廻《てんしょうりんね》をデタラメと言う以上、「過去世《かこぜ》は語りたくない」

里村　社長の守護霊は、以前、何をされていたのですか。

佐藤守護霊　ウッ。なんか変なことを訊《き》くなあ。君ぃ、そんなことをしゃべったら、何か認めるような感じになるじゃないか。

里村　「しゃべったら、認めることになる」とは？

佐藤守護霊　せっかく記事で、君たちの主張は、「嘘だ、デタラメだ」って書いてるのに……。「劉備《りゅうび》が坂本龍馬《さかもとりょうま》になった」なんていうのは転生輪廻《てんしょうりんね》の思想だろう？　「『キリスト教圏《けん》では認めてないような思想を、本物のように言ってる』ということが、要するに、デタラメだ」と言ってるのに、俺《おれ》が、もし転生輪廻の話をしたら、お墨付《すみつき》を与《あた》えることになるじゃないか。

小林　さっき、認めていたじゃないですか。

佐藤守護霊　え？　何か言ったっけ？

小林　冒頭《ぼうとう》、言いかけていましたよね。別にそのことは責めませんので、お答えいただきたいのですが、一つ前の人生なり何なりで、どのようなことをされてきたのでしょうか。

佐藤守護霊　それは、まずいんじゃないか。やっぱり、それは、今のところ、未知なる領域なんだよ。

里村　われわれとしては、やはり聞きたいですね。そこは気になります。

佐藤守護霊　インドとか、あとからくるような国は、まだ、そんなことを信じてるかもしれないけど、先進国である中国みたいなところでは、それを信じてないんだからさ。

里村　いや、中国も信じています。

佐藤守護霊　え?　そうか。

里村　というか、中国は先進国ですか。

佐藤守護霊　え?　先進国なんじゃないの?

里村　今のは、ちょっと驚《おどろ》きの発言です。

繰《く》り返しお訊きしますが、本当に、何をされていたのですか。お名前は、そう有名とは思えませんけれども。

佐藤守護霊　それを言ったら、認めることになるじゃないか。

里村　さっき認めていたじゃないですか。

イエスの時代に生まれて、イエスを十字架《じゅうじか》に架けたのか

佐藤守護霊　「デタラメ、嘘を教えている」っていう記事を、社長が崩《くず》したら、いいわけないでしょ？　君ぃ、それは駄目《だめ》だよ。

里村　もう一度、お伺《うかが》いします。何をされていたのか。そして、今、誰《だれ》と相談しているのか。あるいは、今、社長は誰に取り憑《つ》かれているのか（会場笑）。

佐藤守護霊　うーん……、適当な答えがないかなあ。

里村　本当のことを言って、楽になりましょう。

佐藤守護霊　楽に……（苦笑）。だから、「新潮社は、キリスト教のイエスと関係がある」っていうんだったら、別に、

転生輪廻なんか認めなくたっていいじゃないの。

小林　いえ、生前のイエスは転生輪廻を認めていて、『聖書』にも、そういう言葉がありますよ。

佐藤守護霊　そのへんは、専門的だから、よく分からないけども、まあ、あんなのは嘘だよ。「新潮社の社員が、みんな、イエスの時代に生まれていて、イエスを十字架《じゅうじか》に架けた」なんて、君、そんなデタラメな〝装置〟をつくって、われわれを貶《おとし》めるんじゃないよ。

里村　ただ、「新潮の悪魔」を名乗る霊人《れいじん》は、そう言ったんですよ。

佐藤守護霊　それは嘘をついてるんだ。

里村　うんうん、だから……。

佐藤守護霊　おっ、「うん」って言った。ほらほら、ここは、太字で印刷……。

里村　まあ、霊人も嘘をつくことがありますよ。ただ、「社長も、イエスを断罪した側《がわ》にいた」という部分は本当でしょう？

小林　さっき、そのことを言いかけていましたよね。

佐藤守護霊　社長は、どっかにいたかな？　そんなこと書いてあったか。

里村　『「週刊新潮」に巣くう悪魔の研究』という本に書いてあります。

佐藤守護霊　「社長はイエスの父だった」と、どこに書いてあったか。

里村　それは書いてありません。

佐藤守護霊　え？　そういうんじゃないの？

里村　書いてありません。

佐藤守護霊　「イエスの先生だった」って書いてあったかなあ。

里村　はぐらかさないでください。

佐藤守護霊　あっ、「ソクラテスだった」って書いてあったんじゃないかと思う。

里村　ソクラテスをやったのですか。ソクラテスを屠《ほふ》ったのですか。

佐藤守護霊　あ？　書いてなかったかな？　そうだよ。ソクラテスは、（酒井《さかい》）編集長によって追放されたんじゃないの？

里村　その話は分かりましたので、最後にもう一度、お伺いします。何をされていたのですか。

佐藤守護霊　君らは本当に迷信の徒《と》だねえ。授業では、「週刊新潮」をしっかり教科書代わりに使って、新しい、まともな人を……。

里村　しかし、最初は、「信じている」と言っていたじゃないですか。自分が霊であることも分かっていたじゃないですか。

佐藤守護霊　うーん、まあ、それは、そうだけどもさあ。確かに、今、俺が語ってる内容は、大川隆法の言葉じゃないよ。それは、そうだけども……。悔《くや》しいなあ。悔しいなあ。

週刊誌は、昔はなかったからねえ。あっ、そう言えば、江戸《えど》時代の終わりに、瓦版《かわらばん》を配ってるようなやつがいたよね。

里村　それで？

佐藤守護霊　なんか、「天狗小僧《てんぐこぞう》とかいうのがいた」っていう噂《うわさ》を広める仕事をしてたかもしれないなあ。このあたりで行こうか。これで手を打たないか。

里村　いえいえ。瓦版もない時代に、何をされていましたか。

佐藤守護霊　君らは厳しいなあ。

里村　厳しいというか、お伺いしたいのです。

佐藤守護霊　まあ、何を言ってもいいんだろう？

里村　いえ、真実をおっしゃってください。

佐藤社長の過去世《かこぜ》は「甲賀《こうが》の忍者《にんじゃ》」だった!?

佐藤守護霊　真実は……。だから、週刊誌がないから、出版社もないんだよ。もし、俺たちのような仕事があったとしたら、何かというと、老中暗殺とかを計画するような集団でなければならない。そういうことでいうと、「吉田松陰《よしだしょういん》のような存在が、「私」ということになるな。

里村　吉田松陰というのは全然違います。老中暗殺といっても、要するに、忍《しの》び系ですよね。ということは、やはり忍び系の頭目ですか。

小林　忍び系にも、権力についていたもの（伊賀《いが》）と、そうでないもの（甲賀《こうが》）があるのですが、どちらでしょうか。

佐藤守護霊　厳しいなあ。

小林　どちらでしょうか。

佐藤守護霊　厳しいなあ。うーん……、厳しいなあ。アッハハハ。

小林　どちらでしょうか。「こちらだ」と言っていただければと思います。

佐藤守護霊　「忍び系は、文春《ぶんしゅん》と新潮に分かれてる」って言ったじゃない？　最初、総裁がちゃんとそう言ったじゃないの。最初から、もう、答えが出てるじゃないか。

小林　新潮はどちらでしょうか。

佐藤守護霊　甲賀に決まってるでしょう。

小林　確か、滅《ほろ》ぼされましたね？

佐藤守護霊　ああ？

小林　甲賀は、討伐《とうばつ》されて、最後は散り散りになりましたね。

佐藤守護霊　だから、恨《うら》みを持ってるんだよ。

小林　恨む相手が違うのではないですか。

佐藤守護霊　え？

小林　うちを攻撃《こうげき》するのは、逆恨《さかうら》みではないですか。

佐藤守護霊　何でもいいから、とにかく手裏剣《しゅりけん》を投げるのが仕事なんだよ、手裏剣を。

里村　まあ、いろいろな道具も……。

佐藤守護霊　手裏剣を投げて、当てるのが仕事なの！

里村　権力に利用されて、最後は滅ぼされたわけですか。

佐藤守護霊　顔には覆面《ふくめん》をしなきゃいけないの！　だから、イスラム教に対しては親近感があるよ。何だか、顔の部分が似てるから。

小林　だけど、甲賀は、選ぶ主君を間違えましたね。現代で言うと、何が正しいかの選択《せんたく》を間違えたので、最終的に滅ぼされたわけです。

佐藤守護霊　忍者《にんじゃ》、忍群《にんぐん》は、どこに仕《つか》えたって構わないんだよ。主君は、どうでもいいんだ。そんな政治的なポリシーは別にないんであって、お役に立てばいいわけだよ。

小林　つまり、何を申し上げているかというと、今、あなたが「破滅《はめつ》への暴走」に入っているかいないかの判定をしているのです。もし、あなたが甲賀だとすると、その可能性はかなり高いことになります。

佐藤守護霊　「暴走」って言ったら、伊賀も一緒《いっしょ》に滅ぼさないと駄目だぜ。君ら、しっかり頑張《がんば》って、あっち（文春）の社長もやれよ。

小林　もちろん〝伊賀〟もやっていますが、少なくとも、あなたがたは、今回、選択を間違えましたよ。

佐藤守護霊　うーん……。

「闇討《やみう》ち」という点でよく似ている、週刊誌と忍者《にんじゃ》の仕事

小林　今回はどうされるのですか。このまま行くと、滅びに至りますけどね。

佐藤守護霊　いやあ、村を襲《おそ》ってきたら、最後は〝自爆《じばく》テロ〟をやるしかないわなあ。「もう、逃げられない」と見たら、襲ってきたやつらも、道連れにして殺すしかない。

小林　最近は、言論でも、トマホークのように、遠隔《えんかく》射撃でぶっ飛ばすやり方があるので、そんな古くさい兵法はもう通用しません。

佐藤守護霊　江戸城に忍び込《こ》んで、天井《てんじょう》から穴を開けて覗《のぞ》くとか、そんな仕事は、今のこういう仕事とよく似てるだろ？

里村　ああ、似ていますね。

佐藤守護霊　そっくりだろう？　まあな。

小林　おたくの記者は、学園に取材に来たとき、映画館のなかで女子生徒を追いかけ回したので、警察に通報されたわけですが、そういうことのルーツは、甲賀の時代にあったわけですね。

佐藤守護霊　まあ、忍者のような仕事だ。現代的に言えば、ＣＩＡみたいなもんだということだよ。うんうん。

小林　では、あなたは甲賀の頭目だった？

佐藤守護霊　うーん……、甲賀も何代も続いてるからな。

君らね、忍びの者を暴《あば》いちゃいけない。忍びの者はねえ、抜《ぬ》けたら、殺されるまで追い詰《つ》められることになってる。

里村　抜《ぬ》け忍《にん》（忍者をやめた者）ですね。

佐藤守護霊　抜け忍は許されないんだ。

里村　でも、もう、抜け忍になられたらどうですか。

佐藤守護霊　抜け忍は無理だ。いったん、新潮社の飯《めし》を食った者は、断じて、宗教を許してはならないんだよ。

小林　小さな第五権力なら、それでもいいのですが、今、マスコミは第一権力になってきているので、そういう考え方は許されないのです。この際、新潮社の本性《ほんしょう》は甲賀の暗殺集団であることを情報公開して……。

佐藤守護霊　いいじゃないか。忍者の天下が来るなんて、面白《おもしろ》いじゃないかあ。

里村　しかし、今、最期《さいご》のときを迎《むか》えています。

佐藤守護霊　いや、君らだけを相手にしてるわけにはいかないのよ。何だっけ？　あのドジョウの宰相《さいしょう》。あれも、何とか、とどめを刺《さ》してやらないといかんしさあ（収録当時）。その次は、安倍《あべ》の「二番煎《せん》じ総理」を殺さなきゃいけないしさあ。仕事は山積みなんだから、君らを相手にしてる暇《ひま》はないんだよ。私は、闇討《やみう》ちの仕事で忙《いそが》しいんだからさ。

里村　それであれば、慣れない相手である宗教のほうには、もう触《ふ》れないほうがいいと思います。

佐藤守護霊　大川隆法っていうのは、鎖国《さこく》してる徳川幕府に漕《こ》ぎ寄せた、異人船みたいなもんだ。だからね、あんまりよろしくない。日本を早く離《はな》れて、外国へ行ったほうがいいよ。もう、ほんとに、日本には向いてない。

小林　ペリーの黒船のときのように怖《こわ》いわけですね。

佐藤守護霊　うん、まあ、そうだな。うんうん。あんまりよくない。

小林　分かりました。

佐藤守護霊　存在がよくない。だから、週刊誌とか、そういうマスコミに対して脅威《きょうい》になりつつある。君らは、もう、ところ構わず攻《せ》め込むじゃないか。これはよくない。よくない、よくない、よくない、よくない。絶対よくない。

小林　横須賀沖《よこすかおき》から〝大砲《たいほう》〟で撃《う》ち込まれて全滅するかもしれないので、怖いわけですね。

佐藤守護霊　あんたがたは、朝日も、読売も、ＮＨＫも怖くないんだろう？　だから、新潮を怖がってないことぐらい、俺にも分かるさ。

しかし、悔しいじゃないの？　忍者としては、もう、闇討ちしかない。問題は、「どっから狙《ねら》うか」だよ。
夜、寝《ね》てるとき、気をつけたほうがいいよ。天井から穴を開けて、スルスル、スルスルスル、スルスルスルッと糸を降ろし、毒グモで暗殺するとか、こういうことはあるかもしれないなあ。
小林　少なくとも、映画館のトイレの前で、女子生徒を追い回すようなことはやめてくださいね。
里村　ということで、今日は、タイトルどおりのお話を聞けたと思います。
佐藤守護霊　ええ？「人間失格」かい？　忍者が、なんで人間失格なの？「破滅への暴走」？　そんなことはないっすよ。何？　透明《とうめい》マントを着て走ってんだよ。
渡邊　映画「神秘の法」を見ていただいたのですか。
佐藤守護霊　透明マントを着て走るんだから、別に暴走してるわけじゃない。

里村　はいはい、分かりました。

佐藤守護霊　「人間失格」はないですよ。最低でも「社長失格」。もし、よければ、「神様失格」。このくらいまで書いていただかないと、ちょっと困るんだよ。

里村　その希望は、幸福の科学出版のほうに伝えておきます。今日は、どうもありがとうございました。

佐藤守護霊　はい、はーい。

小林・渡邊　ありがとうございました。

14　佐藤社長守護霊との論戦を終えて

大川隆法　いやあ、どうでしたか。
　この感じからすると、けっこう小さな組織で動いているのではありませんか。「誰《だれ》の責任か」などと言うほどのものではなく、全部ツーカーなのではないでしょうか。

小林　何だか、「同じフロアにある隣《となり》の部屋へ行って説明している」というレベルで仕事をしている印象ですね。

大川隆法　実際に、そんな感じなのではありませんか。これは、「決裁権限」などというほどのものではありませんね。おそらく、「言ったか、言わないか」程度のものだけなのでしょう。編集長は、責任を取るためだけにいるのでしょうね。

里村　はい。

大川隆法　おそらく、「興味があったら口を突《つ》っ込《こ》み、興味がなかったら口を突っ込まない」という感じで仕事をしているのでしょう。

ところで、私は、今日の明け方に夢を見ました。

これは、新潮社に関係があると思われるのですが、新橋《しんばし》あたりの料亭《りょうてい》で、作家のような人に飲み食いさせたり、いろいろと接待する夢をずっと見ていたのです。

そして、最後に、「こんなに大変なのに、おまえらのところは、そうではない」といった感じの印象を受けました。

「編集者は、作家にものを書かせるために、これほど大変な思いをして接待しているのだ。新橋でご飯を食べさせたり、芸者をあげたりして接待をしているし、編集部の女性は、キャバレーのホステスよろしく、一生懸命《いっしょうけんめい》に肉弾《にくだん》接待までしてでも、作家に書かせているのに、その苦労を知らずに、『霊《れい》が降りた』などという妄想《もうそう》型の本をたくさんつくって売りまくるなど、まことにけしからん」

そのような感じの夢を見たのです。

「出版社は、それほど大変なんだ。編集者が本を書かせるというのは、企画《きかく》、原稿《げんこう》の取り立て、最後の仕上げまで、ものすごく大変なのに、おまえらは、すごく楽をして、ズルをしている」というように、私は受け取りました。

里村　今、本当にマーケティング機能などが落ちていますので、出版社には、もう、それしかないんですね。

大川隆法　ベストセラーを書ける作家をつかまえるのは難しいことだし、その人に書かせるために企画をつくるのも難しいことです。今、実際に、「一万部売れる本」を企画したり書かせたりするのは非常に難しいことなので、実は苦しいのでしょう。だから、「宗教で全部買い占《し》めてくれたら、いちばんいい」といったところが本心なのでしょうね。

まあ、かわいそうではありますが、新潮社は危なそうです。この「破滅《はめつ》への暴走」

を予言《よげん》の書とするかどうか。表紙に「予言の書」と入れたらどうなのでしょうか（笑）（会場笑）。ああ、怖《こわ》い、怖い。怖いことを思いついてしまいました（会場笑）。面白《おもしろ》いですけれども、何だか危なそうですね。

里村　はい。そう思います。

大川隆法　危ないと思いますね。ここは、もう危ないと思う。やはり、こんな老舗《しにせ》が「原稿募集《ぼしゅう》」などと言うあたりは、もう、危ないです。絶対に危ないです。「もはや、危ない」と見てよいでしょう。

社長が責任を取って済むか。出版社そのものが、どのようになるか。とにかく、悪口を言って飯《めし》を食っている「悪口産業」ですので、多少、チェックを入れられることは、しかたないのではないでしょうか。

今後、選挙もあるだろうし、幸福の科学学園関西校の校舎の完成もあるし、その次には、幸福の科学大学の開校準備もあるので、当会の悪口を書くチャンスはたくさんあると思います。

おそらく、立木《ついき》党首以下、幸福実現党の人たちを有名にしてくださることでしょう。トクマも有名にしてくれるでしょう。それはそれでよいのではありませんか。

まあ、マッチポンプ役というのは、どうしてもいて、彼らには、悪口を言いつつも、その相手を有名にするようなところがあります。橋下《はしもと》市長なども、それを十二分に利用していますよね。週刊誌をうまいこと使って有名にしているところがありますのでね。

したがって、「すべての仕事に意味がない」とは言いませんが、とにかく、「今、世の中で、都《みやこ》で流行《はや》っているものは何か」というところに対し、敏感《びんかん》であることは事実なのでしょう。その内容は別として、当会に注目すること自体は、マスコミとして当然のことだろうと思います。

また、「マスコミが幸福の科学のことを書いてくれない」と言って怒《おこ》っていることも知っているでしょう。そのことに対しては、「書いてあげているのだから、これは、『親切にしている』ということなのだ。週刊誌が書く場合には、悪口しか書けないのだ」といった言い訳があるのだろうとは思います。

まあ、どうでしょうか。当会に対しても、よいことを書いてくれれば、もっと買う人もいるのでしょうけれども、残念ですね。

里村　ただ、子供たちの心を傷つけることだけは、やはり、よくないと思います。

大川隆法　そうですね。それはやめていただきたいと思いますね。

これで終わるかどうかは分かりませんが、向こうが連続追及《ついきゅう》をしてきて、いろいろと暴《あば》れる場合には、「人間失格」では済まないかもしれません。そのようなことを、チラリとほのめかして終わりにしましょう。

里村　ありがとうございました。

あとがき

日本の教育界にはイジメが蔓延《まんえん》しているが、基本スタイルはマスコミにあり、その原点は悪質週刊誌である。悪魔から見れば、天国が地獄に見え、天使が悪魔に見える。そして、地上で力を持っていた者を地獄に引きずり込むと、魔王としての格が上がってくるらしい。

いつ誰が、マスコミに、善悪をはかるハカリを与えたというのか。トマス・モアの『ユートピア』には、神を信じない無神論者、信仰を否定する者には、市民権や基本的人権が認められないことが述べられている。彼の説くユートピア島では、まさしく、日本のジャーナリストの多くは「人間失格」なのである。

そもそも宗教を信じない人間は、テロリストと同じ扱いで、入国拒否する国もあるのだ。この国の間違った「常識」は、もうそろそろ捨て去ろうではないか。

人は何を信じるかで善にも悪にも染まる。この国が、正しい方向に向かうことを望みたい。

二〇一二年　十一月十六日

幸福《こうふく》の科学《かがく》グループ創始者兼総裁《そうししゃけんそうさい》　大川隆法《おおかわりゅうほう》

『人間失格―新潮社　佐藤隆信社長・破滅への暴走』大川隆法著作関連書籍

『徹底霊査「週刊新潮」編集長・悪魔の放射汚染』（幸福の科学出版刊）

『「週刊新潮」に巣くう悪魔の研究』（同右）

『悲劇としての宗教学』（同右）

人間失格《にんげんしっかく》―新潮社《しんちょうしゃ》 佐藤《さとう》隆信《たかのぶ》社長《しゃちょう》・破滅《はめつ》への暴走《ぼうそう》

2012年11月22日　初版第1刷

著　者　　大《おお》　川《かわ》　隆《りゅう》　法《ほう》

発行所　　幸福の科学出版株式会社

〒107-0052 東京都港区赤坂2丁目10番14号

TEL(03)5573-7700

http://www.irhpress.co.jp/

印刷・製本　株式会社 東京研文社

落丁・乱丁本はおとりかえいたします

ISBN978-4-86395-276-8 C0036

大川隆法 ベストセラーズ・マスコミの正義を検証する

徹底霊査「週刊新潮」編集長・悪魔の放射汚染

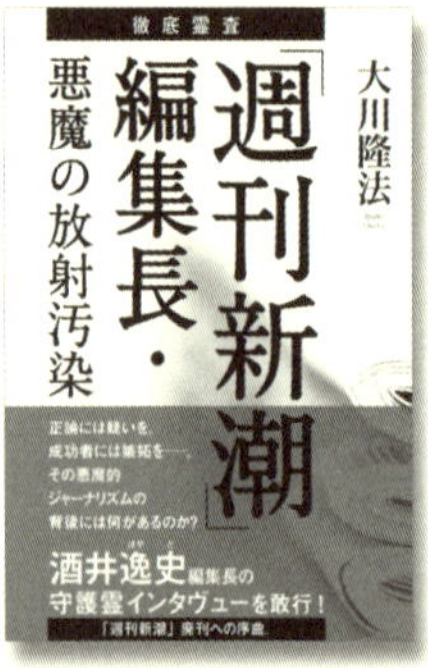

「週刊新潮」酒井逸史編集長の守護霊インタヴュー! 悪魔と手を組み、地に堕ちた週刊誌ジャーナリズムの実態が明らかになる。

1,400円

「週刊新潮」に巣くう悪魔の研究
週刊誌に正義はあるのか

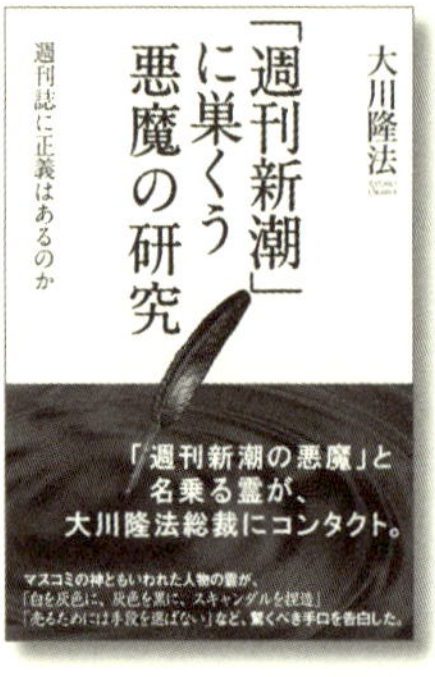

ジャーナリズムに潜み、世論を操作しようとたくらむ悪魔。その手法を探りつつ、マスコミ界へ真なる使命の目覚めを訴える。

1,400円

「文春」に未来はあるのか
創業者・菊池 寛の霊言

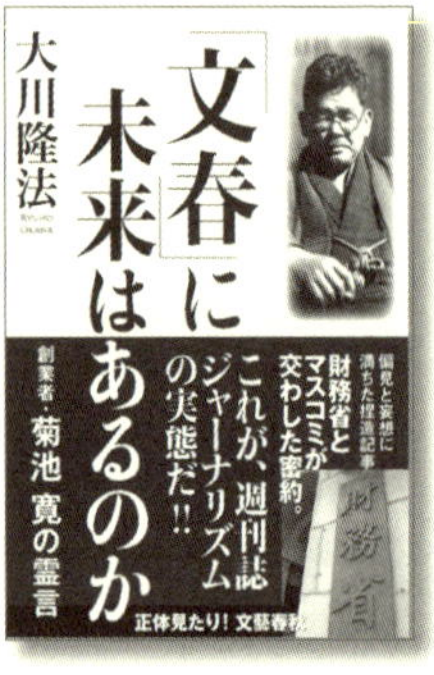

正体見たり! 文藝春秋。偏見と妄想に満ちた週刊誌ジャーナリズムによる捏造記事の実態と、それを背後から操る財務省の目論見を暴く。

1,400円

※表示価格は本体価格(税別)です。

大川隆法ベストセラーズ・マスコミの本音に迫る

ナベツネ先生 天界からの大放言
読売新聞・渡邉恒雄会長 守護霊インタビュー

混迷する政局の行方や日本の歴史認識への見解、さらにマスコミの問題点など、長年マスメディアを牽引してきた大御所の本心に迫る。

1,400円

朝日新聞はまだ反日か
若宮主筆の本心に迫る

日本が滅びる危機に直面しても、マスコミは、まだ反日でいられるのか!? 朝日新聞・若宮主筆の守護霊に、国難の総括と展望を訊く。

1,400円

NHKはなぜ 幸福実現党の報道をしないのか
受信料が取れない国営放送の偏向

偏向報道で国民をミスリードし、日本の国難を加速させたNHKに、その反日的報道の判断基準はどこにあるのかを問う。

1,400円

大川隆法ベストセラーズ・理想の教育を目指して

教育の法

信仰と実学の間で

深刻ないじめ問題の実態と解決法や、尊敬される教師の条件、親が信頼できる学校のあり方など、教育を再生させる方法が示される。

1,800円

真のエリートを目指して

努力に勝《まさ》る天才なし

幸福の科学学園で説かれた法話を収録。「学力を伸ばすコツ」「勉強と運動を両立させる秘訣」など、未来を拓く心構えや勉強法が満載。

1,400円

幸福の科学学園の未来型教育

「徳ある英才」の輩出を目指して

幸福の科学学園の大きな志と、素晴らしい実績について、創立者が校長たちと語りあった――。未来型教育の理想がここにある。

1,400円

※表示価格は本体価格(税別)です。

大川隆法ベストセラーズ・希望の未来を切り拓く

不滅の法
宇宙時代への目覚め

「霊界」、「奇跡」、そして「宇宙人」の存在。物質文明が封じ込めてきた不滅の真実が解き放たれる。地球の未来を切り拓くために。

2,000円

心を癒す ストレス・フリーの幸福論

人間関係、病気、お金、老後の不安……。ストレスを解消し、幸福な人生を生きるための「心のスキル」が語られた一書。

1,500円

繁栄思考
無限の富を引き寄せる法則

豊かになるための「人類共通の法則」が存在する――。その法則を知ったとき、あなたの人生にも、繁栄という奇跡が起きる。

2,000円

大川隆法ベストセラーズ・中国の今後を占う

中国と習近平に未来はあるか

反日デモの謎を解く

「反日デモ」も、「反原発・沖縄基地問題」も中国が仕組んだ日本占領への布石だった。緊迫する日中関係の未来を習近平氏守護霊に問う。

【幸福実現党刊】

1,400円

李克強 次期中国首相 本心インタビュー

世界征服戦略の真実

「尖閣問題の真相」から、日本に向けられた「核ミサイルの実態」、アメリカを孤立させる「世界戦略」まで。日本に対抗策はあるのか!?

【幸福実現党刊】

1,400円

小室直樹の大予言

2015年 中華帝国の崩壊

世界征服か? 内部崩壊か? 孤高の国際政治学者・小室直樹が、習近平氏の国家戦略と中国の矛盾を分析。日本に国防の秘策を授ける。

1,400円

※表示価格は本体価格(税別)です。

大川隆法ベストセラーズ・最新刊

バラク・オバマのスピリチュアル・メッセージ

再選大統領は世界に平和をもたらすか

弱者救済と軍事費削減、富裕層への増税……。再選翌日のオバマ大統領守護霊インタビューを緊急敢行！日本の国防危機が明らかになる。
【幸福実現党刊】

1,400円

HS政経塾・闘魂の挑戦

江夏死すとも自由は死せず

沈みゆく日本を救い、この国の自由を守る――。国師が託した「HS政経塾」の志と理念、そして政策を語り合う、塾長との政経対談。
【HS政経塾刊】

1,400円

ジョーズに勝った尖閣男

トクマとの政治対談

尖閣上陸！ なぜ彼は、無謀とも思える行動に出たのか!? 国師との対談で語られる尖閣上陸秘話と、国を愛する情熱と信念について。

1,400円

幸福の科学グループのご案内

宗教、教育、政治、出版などの活動を通じて、地球的ユートピアの実現を目指しています。

宗教法人　幸福の科学

一九八六年に立宗。一九九一年に宗教法人格を取得。信仰の対象は、地球系霊団の最高大霊、主エル・カンターレ。世界百カ国に迫る国々に信者を持ち、全人類救済という尊い使命のもと、信者は、「愛」と「悟り」と「ユートピア建設」の教えの実践、伝道に励んでいます。

（二〇二二年十一月現在）

公式サイト
http://www.happy-science.jp/

愛

幸福の科学の「愛」とは、与える愛です。これは、仏教の慈悲《じひ》や布施《ふせ》の精神と同じことです。信者は、仏法真理をお伝えすることを通して、多くの方に幸福な人生を送っていただくための活動に励んでいます。

悟り

「悟り」とは、自らが仏の子であることを知るということです。教学《きょうがく》や精神統一によって心を磨き、智慧《ちえ》を得て悩みを解決すると共に、天使・菩薩《ぼさつ》の境地を目指し、より多くの人を救える力を身につけていきます。

ユートピア建設

私たち人間は、地上に理想世界を建設するという尊い使命を持って生まれてきています。社会の悪を押しとどめ、善を推し進めるために、信者はさまざまな活動に積極的に参加しています。

国内外の世界で貧困や災害、心の病で苦しんでいる人々に対しては、現地メンバーや支援団体と連携して、物心両面に渡り、あらゆる手段で手を差し伸べています。

年間３万人を超える自殺者を減らすため、全国各地で街頭キャンペーンを展開しています。

公式サイト
http://www.withyou-hs.net/

ヘレン・ケラーを理想として活動する、ハンディキャップを持つ方とボランティアの会です。視聴覚障害者、肢体不自由な方々に仏法真理を学んでいただくための、さまざまなサポートをしています。

公式サイト
http://www.helen-hs.net/

INFORMATION

お近くの精舎・支部・拠点など、お問い合わせは、こちらまで！

幸福の科学サービスセンター

TEL. 03-5793-1727（受付時間 火～金：10～20時／土・日：10～18時）

幸福の科学グループサイト http://www.hs-group.org/

教育

学校法人 幸福の科学学園

幸福の科学学園中学校・高等学校は、幸福の科学の教育理念のもとにつくられた学校です。人間にとって最も大切な宗教教育の導入を通じて精神性を高めながら、ユートピア建設に貢献する人材輩出を目指しています。

幸福の科学学園
中学校・高等学校（男女共学・全寮制）
2010年4月開校・栃木県那須郡

TEL **0287-75-7777**
公式サイト
http://www.happy-science.ac.jp/

関西校（2013年4月開校予定・滋賀県）
幸福の科学大学（2015年開学予定）

仏法真理塾「サクセスNo.1」

小・中・高校生が、信仰教育を基礎にしながら、「勉強も『心の修行』」と考えて学んでいます。

TEL **03-5750-0747**（東京本校）

心の面からのアプローチを重視して、不登校の子供たちを支援しています。また、障害児支援の「**ユー・アー・エンゼル！**」運動も行っています。

不登校児支援スクール「ネバー・マインド」

幼少時からの心の教育を大切にして、信仰をベースにした幼児教育を行っています。

エンゼルプランV

NPO
活動支援

学校からのいじめ追放を目指し、さまざまな社会提言をしています。また、各地でのシンポジウムや学校への啓発ポスター掲示等に取り組むNPO「いじめから子供を守ろう！ネットワーク」を支援しています。

公式サイト **http://mamoro.org/**

ブログ **http://mamoro.blog86.fc2.com/**

相談窓口 **TEL.03-5719-2170**

政治

幸福実現党

内《ない》憂《ゆう》外《がい》患《かん》の国難に立ち向かうべく、二〇〇九年五月に幸福実現党を立党しました。創立者である大川隆法党名誉総裁の精神的指導のもと、宗教だけでは解決できない問題に取り組み、幸福を具体化するための力になっています。

党員の機関紙
「幸福実現News」

TEL 03-6441-0754
公式サイト
http://www.hr-party.jp/

出版メディア事業

幸福の科学出版

大川隆法総裁の仏法真理の書を中心に、ビジネス、自己啓発、小説など、さまざまなジャンルの書籍・雑誌を出版しています。他にも、映画事業、文学・学術発展のための振興事業、テレビ・ラジオ番組の提供など、幸福の科学文化を広げる事業を行っています。

TEL 03-5573-7700
公式サイト
http://www.irhpress.co.jp/

入会のご案内

あなたも、幸福の科学に集い、ほんとうの幸福を見つけてみませんか？

幸福の科学では、大川隆法総裁が説く仏法真理をもとに、
「どうすれば幸福になれるのか、また、
他の人を幸福にできるのか」を学び、実践しています。

入会

大川隆法総裁の教えを学ぼうとする方なら、どなたでも入会できます。入会された方には、『入会版「正心法語」』が授与されます。（入会の奉納は1,000円目安です）

ネットでも**入会**できます。詳しくは、下記URLへ。

三帰《さんき》誓願《せいがん》

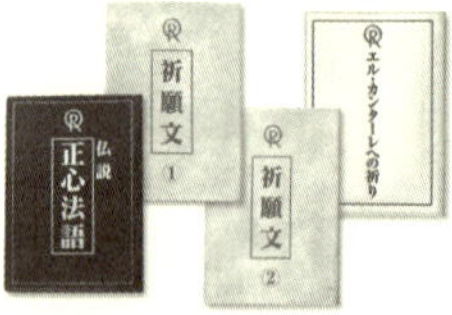

仏弟子としてさらに信仰を深めたい方は、仏・法・僧の三宝への帰依を誓う「三帰誓願式」を受けることができます。三帰誓願者には、『仏説・正心法語』『祈願文①』『祈願文②』『エル・カンターレへの祈り』が授与されます。

植福《しょくふく》の会

植福は、ユートピア建設のために、自分の富を差し出す尊い布施の行為です。布施の機会として、毎月1口1,000円からお申込みいただける、「植福の会」がございます。

「植福の会」に参加された方のうちご希望の方には、幸福の科学の小冊子（毎月1回）をお送りいたします。詳しくは、下記の電話番号までお問い合わせください。

月刊「幸福の科学」

ザ・伝道

ヤング・ブッダ

ヘルメス・エンゼルズ

INFORMATION	幸福の科学サービスセンター TEL. 03-5793-1727（受付時間 火〜金：10〜20時／土・日：10〜18時） 宗教法人 幸福の科学 公式サイト http://www.happy-science.jp/